Heinz-J. Schiffer

Bad, Dusche, Swimming-pool im Selbstbau

Dieser Band erscheint in der Reihe

Fachwissen für Heimwerker

Helmut von Ameln	**Heizungs-Installationen** – Reparieren und Erneuern – **Sanitär-Installationen** – Reparieren und Erneuern –
Helga Brocke-Peiner	**Polstern und Aufmöbeln leicht gemacht**
Gerhard O. W. Fischer	**Autoelektronik leicht gemacht** **Modelleisenbahn- und Autobahnanlagen selbst gebaut** **Modelle fernsteuern leicht gemacht** **Diorama selbst gebaut** **Photoelektronik leicht gemacht** **Heimelektronik leicht gemacht**
Dr.-Ing. Bernhard Gnauck	**Kunststoffe verarbeiten (3 Bände)** ● **Gießharze und Schaumstoffe** ● **Kleben und Schweißen** ● **Spanen und Thermoformen**
Hans H. Göres	**Mauern leicht gemacht** **Eigenleistung am Haus** **Baupraxis für jedermann** **Reparaturen am Haus** **Zimmern leicht gemacht** **Altbau-Modernisierung** **Befestigungstechnik für jedermann**
Heinz Graesch	**Spielzeug aus Holz leicht gebaut** **Selbstgebaut aus edlen Hölzern**
Hans Dieter Heck	**Aquarien und Terrarien im Selbstbau**
Rudolf Horstmann	**Malern leicht gemacht** **Decken, Wände und Fußböden gestalten leicht gemacht**
Gert Lindner	**Aus Kunststoffplatten leicht gemacht**
Peter H. und Huby Nengelken	**Trimmgeräte im Selbstbau**
Peter H. Nengelken	**Intarsien schneiden und furnieren**
Dieter Nicolay	**Elektronische Alarmanlagen**
Friedrich Pawelczak	**Ausbau von Dachgeschoß, Keller und Einraumwohnung**
Werner Prieser	**Holzverbindungen und -konstruktionen im Innenausbau**
Hans Richards	**Schlossern leicht gemacht** **Bauen und Reparieren mit Metall**
Heinrich Riedl	**Kraftfahrzeuge (3 Bände)** ● **Störfälle – Fehlerbehebung** ● **Motoren – Elektrotechnik** ● **Wartung – Pflege**
Heinz-J. Schiffer	**Löten und Schweißen leicht gemacht** **Sauna im Selbstbau**
Hermann Stockhaus	**Wohnmobil selbst ausgebaut**
Gregor Vorsmann	**Lichtorgel und elf andere Bauanleitungen**
Albert Wartenweiler	**Drechseln**
G. B. Weber	**Tischlern leicht gemacht** **Moderne Möbel leicht gebaut**
Eduard Wiegand	**Keramische Fliesen selbst verlegt** **Fassaden verkleiden leicht gemacht**

Weitere Bände befinden sich in Vorbereitung

Heinz-J. Schiffer

Bad, Dusche, Swimming-pool im Selbstbau

Verlagsgesellschaft Rudolf Müller · Köln-Braunsfeld

CIP-Kurztitelaufnahme der Deutschen Bibliothek

Schiffer, Heinz-Jürgen
Bad, Dusche, Swimming-pool im Selbstbau
Heinz-J. Schiffer
8.–10.Tsd.
Köln-Braunsfeld: R. Müller, 1979
(Fachwissen für Heimwerker)

ISBN 3–481–24081–3

1.– 7.Tausend 1975
8.–10.Tausend 1979

ISBN 3–481–24081–3
© Verlagsgesellschaft Rudolf Müller GmbH,
Köln-Braunsfeld 1975
Alle Rechte vorbehalten
Verlagsredaktion Ingeborg Roggenbuck
Umschlaggestaltung: Hanswalter Herrbold, Opladen
Druck: A.Hellendoorn, Bad Bentheim
Printed in Germany

Vorwort

Auch in der Bundesrepublik Deutschland, eines der reinlichsten Länder der Welt, ist es längst noch nicht überall üblich, Wohnungen mit Dusche oder Bad auszustatten beziehungsweise sie beim Umbau mit einzuplanen. Besonders bei den sogenannten Altbauten besteht hinsichtlich der Dusch- oder Badevorrichtungen nach wie vor ein erheblicher Nachholbedarf. Und zu den »Altbauten« rechnen in diesem Zusammenhang auch Häuser, die noch in den Fünfziger Jahren erstellt wurden. Diese Tatsache zählte unter anderem zu den Gründen, das vorliegende Buch zu schreiben. Es soll interessierten Mietern, Vermietern oder Hauseigentümern das Planen und den Ausbau von Sanitärräumen erleichtern helfen und überdies Anregungen und Impulse auch für nachträgliche Um- und Einbauten geben. Außerdem ist es mir ein besonderes Anliegen aufzuzeigen, daß der Wohnbereich nicht vor der Badezimmertür aufhören und dahinter sich so eine Art Abstell- oder Technikraum verbergen sollte. Die Sanitärräume, wie sie noch immer genannt werden, sind ein Teil der Wohnung, und sie sollten deshalb auch zum Wohnen und nicht etwa nur zur Körperreinigung und zum Zähneputzen genutzt werden. Natürlich wird meist auch noch Platz für die Waschmaschine zu schaffen sein. Aber muß sie denn so unbedingt im Mittelpunkt stehen? Beispielsweise könnte ein Raumteiler sie ohne viel Aufwand verschwinden lassen und dafür sorgen, daß auch im Bad eine wohnliche Atmosphäre spürbar wird.
Zusammenfassend bedeutet dies, daß ich sowohl Heimwerkern wie auch den nur Interessierten, damit sie sich auf eine mögliche Planung besser vorbereiten können, eine Anleitung an die Hand geben möchte, die sie umfassend informiert, die ihnen unterschiedliche Möglichkeiten mit Vor- und Nachteilen aufzeigt und mit der sie Sanitärräume planen und schließlich auch selbst herstellen können.

Ich gehe davon aus, daß bei den weitaus meisten die elementaren Grundkenntnisse des Werkens vorhanden sind und verweise in diesem Zusammenhang auf die entsprechenden Bücher der Reihe »Fachwissen für Heimwerker«, dies auch in bezug auf bauliche Dinge, die in der Regel in diesem Buch von mir nur kurz gestreift wurden.

Der Übersicht wegen sind die einzelnen Objekte jeweils für sich besprochen und nach Art eines Puzzle-Spiels je nach Bedarf zu vereinen.

Sicher ist es nicht für jeden so ganz einfach, mal eben ein Schwimmbad zu bauen. Da jedoch in Abwandlung einer Faustregel gut geplant schon halb gebaut ist, dürfte auch das mit dem nötigen Selbstvertrauen durchaus zu schaffen sein.

Frankfurt, im Juni 1975

Heinz-Jürgen Schiffer

Inhalt

Hygiene und Fitness

Was haben Hygiene und Fitness mit der Planung und dem Bau von Duschen, Bädern und Schwimmbecken zu tun? Direkt sicher nichts, aber der Bau derartiger Anlagen dient in der Hauptsache der Hygiene und der Fitness. Der letztgenannte Begriff, als typisch amerikanisch schon lange im bundesdeutschen Sprachgebrauch eingeführt, bezeichnet die körperliche Leistungsfähigkeit des Menschen. Nicht direkt auf eine bestimmte Tätigkeit abgestimmt, sondern eine Bezeichnung für die allgemeine Kondition. Eben diese Fitness ist es, die man sich beim Duschen oder Baden, in Verbindung mit Gymnastik oder auch sportlichem Schwimmen im Swimming-pool erwerben und erhalten kann. Fitness ist aber nur ein, wenn auch willkommenes »Abfallprodukt« aus den Anlagen, die der Hygiene dienen sollen. Obwohl, wenn man es genau nimmt, die Fitness auch letztlich nichts anderes als Hygiene ist.

Landläufig versteht man unter Hygiene eher körperliche Reinlichkeit, als das, was es ist, nämlich allgemeine Gesundheitslehre.

Hygiene ist nicht Mode und auch keine Errungenschaft der heutigen Zeit. Alle großen Kulturvölker, so zum Beispiel die Römer, legten Wert auf die Pflege und Erhaltung der Gesundheit. Die Kaiserthermen in Trier (Abb. 1) zum Beispiel sind der Rest eines römischen Luxusbades, in dem sich die damaligen Zeitgenossen entspannen und regenerieren konnten. Diese Badeanstalten der Römer beinhalteten zum Teil auch Sportstätten, Leseräume, Kunstausstellungen und anderes. Heute nennt man in Badeorten derartige Einrichtungen »Kurzentren«. Auch die griechische Göttin Hygieia als Göttin der Gesundheit zeugt von der früheren erstrangigen Einstufung der Körperpflege. Das Selbstverständnis, das die Römer und Griechen für die Hygiene aufbrachten, schwand nach dem Verfall des Römischen Reiches mehr und mehr und wurde später immer weniger beachtet. Ver-

1 Ehemaliges »Kurzentrum« der Römer in Trier, die Kaiserthermen.

9

2 Der Hygieniker Max von Pettenkofer auf einer bundesdeutschen
Sondermünze.

heerende Seuchen (Pest, Cholera, Typhus) waren Tür und Tor geöffnet, sie breiteten sich ungehindert aus und dezimierten die betroffene Menschheit zum Teil bis auf die Hälfte.

Trotz dieser Seuchen war es schwer, der Bevölkerung die Selbstverständlichkeit der Hygiene wieder zu verschaffen. Dem Mediziner Johann Peter Frank (1745 bis 1821) gelang als Begründer des öffentlichen Gesundheitswesens ein Durchbruch. Der Hygieniker Max von Pettenkofer (1818 bis 1901) faßte von 1856 bis 1894 als Professor in München das Problem von der wissenschaftlichen Seite her an und lehrte Hygiene. Prof. Pettenkofer widmete die Bundesrepublik Deutschland sogar eine Fünf-DM-Sondermünze (Abb. 2).

Hygiene soll also als Zusammenfassung aller Maßnahmen gesehen werden, die man durchführt, um Krankheiten vorzubeugen. Die sanitären Räume unserer Wohnungen bilden hier eine gewisse Grundlage für den privaten Bereich und zur täglichen Benutzung.

Der Begriff Sanitärtechnik ist als Bezeichnung für die Einbauten in Duschen und Bädern somit nicht erschöpfend, der Ausdruck Gesundheitstechnik ist passender. Unter diesem Gesichtspunkt sollten alle Planungen von Duschen, Bädern und Swimmung-pools durchgeführt werden. Auch heute wird für Duschen und Bäder meist immer noch zuwenig Platz eingeplant. Ein nicht anders verwendbarer Winkel ist oft gerade gut genug. Die Platzfrage spielt deshalb auch in diesem Buch eine große Rolle, und obwohl nach dieser Einleitung das Bad ausreichend groß sein sollte, werden auch Beispiele für Mini-Bäder gezeigt. Es soll allumfassend informieren.

Raumgrößen und Platzbedarf

Wie schon ausgeführt, ist der Platz in einer Dusche, im Bad oder im Swimming-pool von ausschlaggebender Bedeutung, will man die Einrichtung voll und richtig nutzen. In Tabelle 1 sind die Abmessungen und der Platzbedarf einer Reihe von Einrichtungsgegenständen verzeichnet, die als Grundlage für die Bestimmung der Raumgrößen dienen können. Zu beachten ist, daß die Abmessungen den Geräten entsprechen, die nach den Erfahrungen am häufigsten eingebaut werden. Übergrößen und sonstige Merkmale wie Fenster, Türen, Kamine und dergleichen sind zu berücksichtigen.

Mindestabmessungen

Genauso selbstverständlich wie vom Fahrersitz eines guten Autos alle Hebel, Knöpfe, Tasten einschließlich Lenkrad bequem bedient werden können, ohne mit Arm, Kopf oder Fuß irgendwo anzustoßen, genauso selbstverständlich sollen die sanitären Einrichtungen bedient und benutzt werden können. Das heißt zunächst einmal, daß

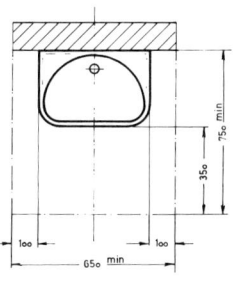

3   *Handwaschbecken.*

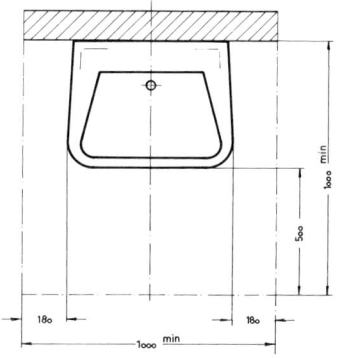

4   *Waschtisch.*

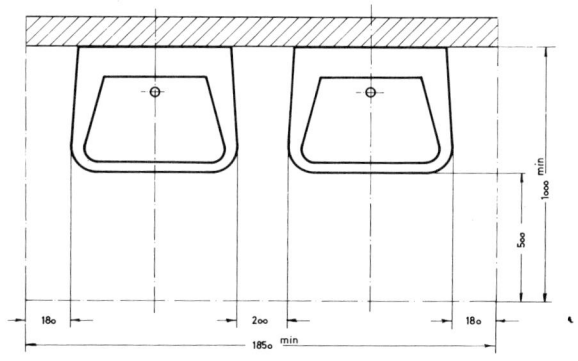

5   *Zwei Waschtische.*

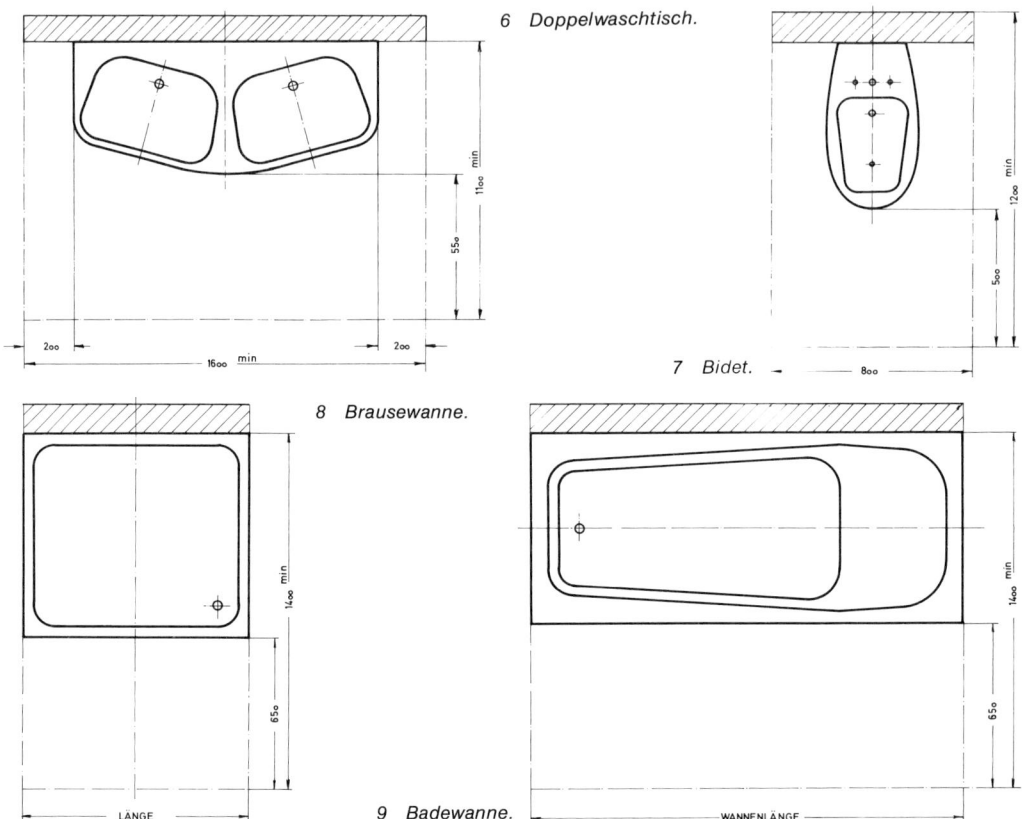

6 Doppelwaschtisch.

7 Bidet.

8 Brausewanne.

9 Badewanne.

zur Benutzung ein ausreichend großer Stand- oder Sitz-
platz vorhanden sein muß. Der seitliche Abstand eines
Waschtisches zur Wand sollte zum Beispiel so groß gewählt werden, daß man beim Waschen nicht dauernd den
Ellenbogen der Gefahr aussetzt, mit dieser Wand zu kol-
lidieren. Außerdem hängen Spiegelschränke oft so tief,
daß man beim Vornüberbeugen mit dem Kopf die Härte
des Schrankes prüft.
So sind sowohl die Mindestabmessungen der Freiräume
vor den einzelnen Gegenständen wichtig als auch die
Mindestabmessungen von Toiletten- und Duschräumen
sowie Badezimmern und Schwimmbädern.

12

Tabelle 1
Mittlere Größe von Einrichtungsgegenständen zur Ermittlung
der erforderlichen Raumgrößen.
Abmessungen in Millimeter (mm), Fläche in Quadratmetern (m²).

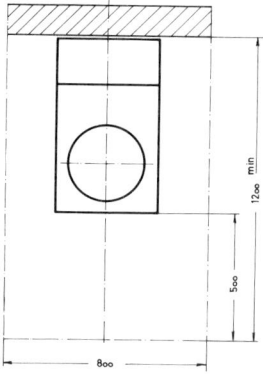

	Länge, Breite mm		Tiefe mm	Fläche m²
Badewanne	1700	×	800	1,4
Stufenwanne	1100	×	750	0,85
Duschwanne	800	×	800	0,65
Duschwanne	900	×	750	0,7
Bidet	600	×	400	0,25
Waschtisch	620	×	520	0,35
Doppelwaschtisch	1200	×	550	0,7
Handwaschbecken	460	×	300	0,15
Klosett	500	×	400	0,2
Spülkasten (tiefhängend)	400	×	200	0,1
Urinal	350	×	360	0,15
Badeofen	400	×	500	0,2
Gymnastikmatte	2000	×	1500	3,–
Waschmaschine	650	×	650	0,45
Wäschetrockner	650	×	650	0,45
Wäscheschleuder	400	×	400	0,15
Heizkörper	1000	×	200	0,2
Sauna (2 bis 3 Personen)	2000	×	1300	2,6
Sprossenwand	1000	×	300	0,3
Liege	1900	×	900	1,7
Freiflächen für Duschen und Bäder	100 bis 200 % der Apparate u. Geräte			
Schwimmbecken	8000	×	4000	32,–
Technikraum für Schwimmbecken	2000	×	1500	3,–
Umgang für Schwimmbecken	50 bis 100 % der Beckenfläche			

10 *Klosett.*

Weiterhin ist Platz für die eventuelle Unterbringung folgenden
Inventars vorzusehen:
Schränke, Liege, Sitzgruppe, Trimmgeräte, Bar mit Hocker, Blu-
menkübel.

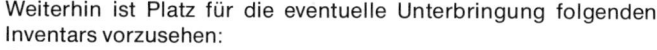

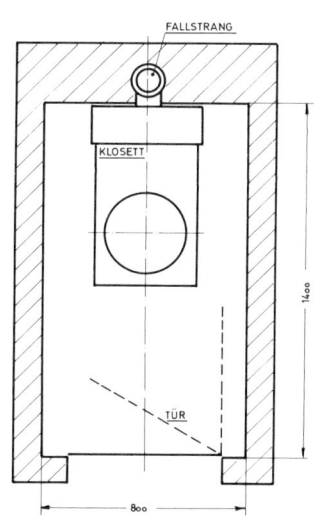

Die Abbildungen 3 bis 18 stellen die einzelnen Geräte
und Räume mit den erforderlichen Mindestabmessungen
dar.

11 *Nur ein Klosett im Raum.*

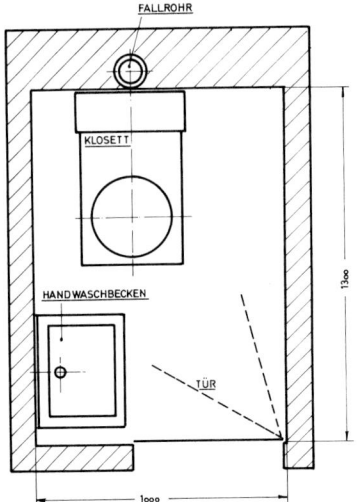

12 Klosett und Handwaschbecken
in einem Raum.

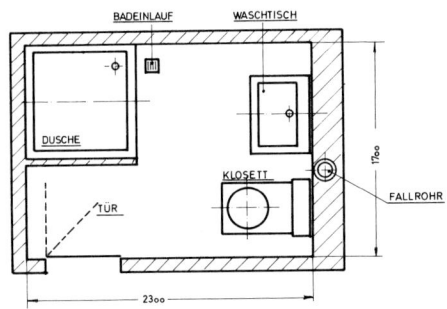

13 Duschraum mit Klosett und Waschtisch.

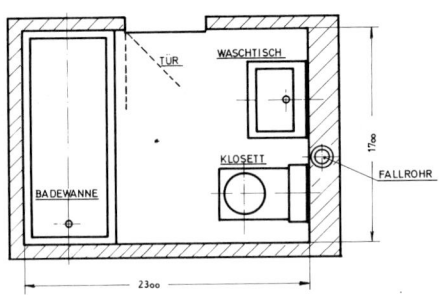

14 Badezimmer mit Klosett und Waschtisch.

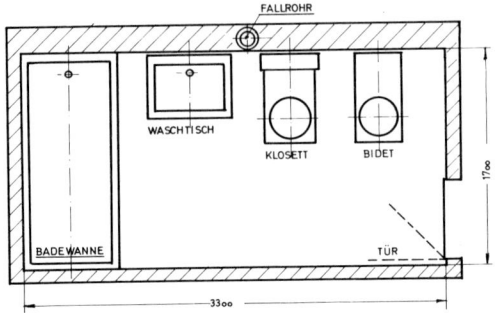

15 Badezimmer mit Waschtisch, Klosett und Bidet in
Reihenanordnung. Davor ist relativ viel Platz.

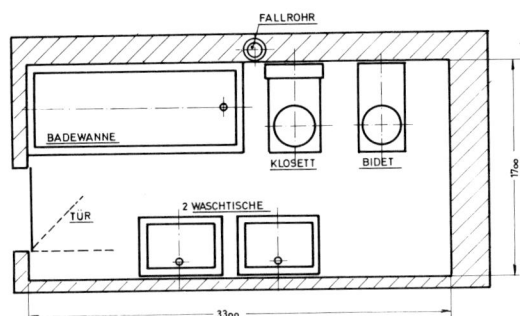

16 Badezimmer mit Klosett, Bidet und zwei Waschtischen.

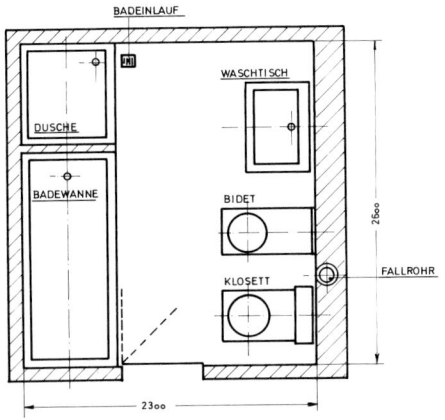

17 Badezimmer mit Dusche, Waschtisch, Bidet und
Klosett – ausreichend Freiraum.

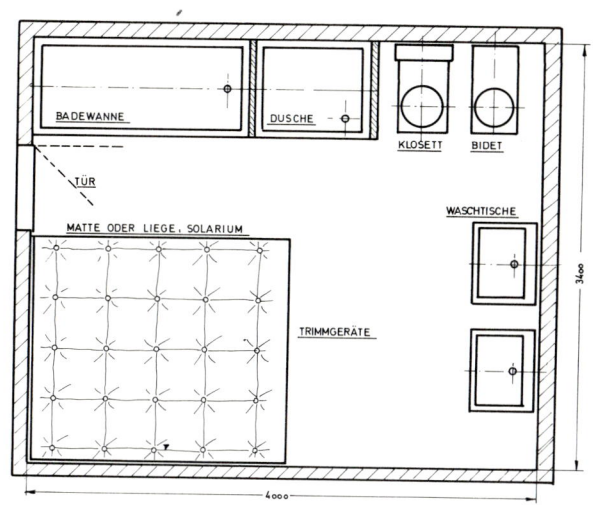

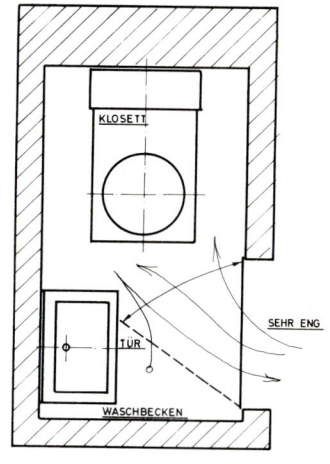

18　Gymnastikbad mit Badewanne,
Dusche, Klosett, Bidet, zwei Waschtischen, Matte – viel Platz.

19　Ein ewiger Kampf mit Tür,
Waschbecken und Klosett.

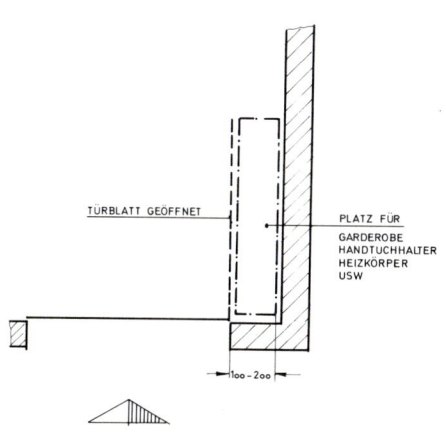

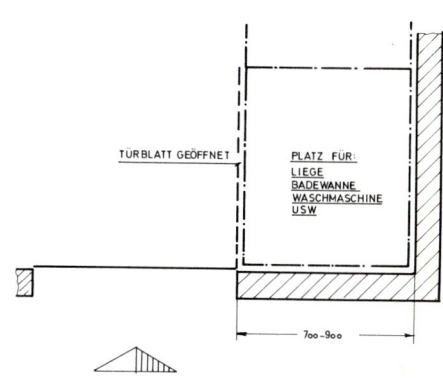

20　Platz für kleinere Gegenstände hinter der Tür.

21　Platz für größere Gegenstände hinter der Tür.

Wie gesagt, sind dieses Mindestabmessungen, werden sie unterschritten, ist keine vernünftige Handhabung und Benutzung der Einbauten mehr gegeben. Nach oben sind die Grenzen offen. Bei Planung und Bau nach Miniabmessungen sind natürlich auch die Funktionen als Gesundheits- und Fitnesszentren stark eingeschränkt, wenn nicht ganz aufgehoben.

Beeinträchtigend wirken auch die Türen, die in der Regel in den Raum hinein aufgehen und so auch noch Platz beanspruchen. In ganz kleinen WC-Räumen kommt es immer wieder vor, daß man beim Betreten und Verlassen des Raumes jedesmal einen kleinen privaten Kampf mit der Tür, einem Waschbecken und dem Klosett ausficht (Abb. 19).

Der Raum hinter einer Tür ist oft nicht nutzbar, das sind etwa 800 bis 900 mm Stellfläche, die verloren ist. Wenn man Einfluß auf die Plazierung der Tür nehmen kann, gibt es verschiedene Möglichkeiten, den Platz hinter der Tür zu nutzen.

1 Nutzung für Garderobe, Badetuchstange, Heizkörper und anderes.
   Abstand des geöffneten Türblattes von der Wand etwa 100 bis 200 mm (Abb. 20).

2 Nutzung für Waschmaschine, Liege, Trimmgerät, Dusche, Wanne und so weiter.
   Abstand des geöffneten Türblattes von der Wand etwa 700 bis 900 mm (Abb. 21).

Anordnung der sanitären Apparate

Schon allein durch eine sinnvolle Ein- und Anordnung aller Gegenstände, die die sanitären Räume aufnehmen sollen, kann aus einem verhältnismäßig kleinen Raum ein großes Bad gemacht werden, aber auch umgekehrt. Entsprechend der beabsichtigten hauptsächlichen Nutzung, sind die vorgesehenen Geräte und Einbauten zu plazieren. Wobei natürlich die gegebenen räumlichen Verhältnisse miteinbezogen werden müssen, um den vorhandenen Platz optimal zu nutzen.

NUR EINE SEITE ZU VERFLIESEN

22 *Für den Heimwerker leicht zu installieren: die Wanne in der Nische.*

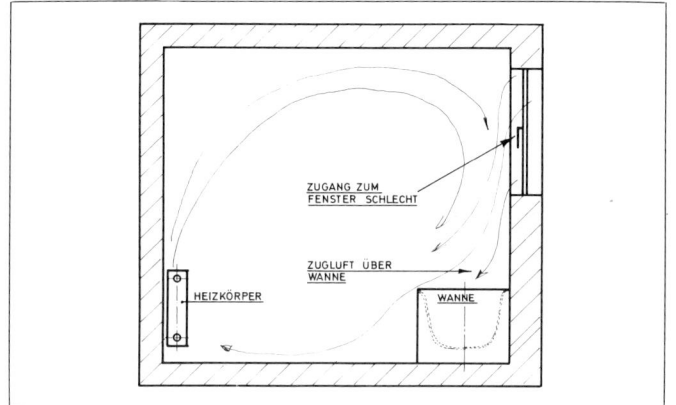

Inside figure:
ZUGANG ZUM
FENSTER SCHLECHT

ZUGLUFT ÜBER
WANNE

HEIZKÖRPER

WANNE

Badewannen und Duschen (eventuell beide gemeinsam) sind in Nischen ausgezeichnet untergebracht (Abb. 22), da es dabei für den Heimwerker einfach ist, die Wanne zu verfliesen. Oft ist es dem Raum nach ideal, wenn die Wanne unter dem Fenster steht. So sind aber andere Nachteile in Kauf zu nehmen. Das Fenster ist schlecht zu bedienen, weil man sich immer über die Wanne beugen muß. Außerdem kann es vorkommen, daß auf den Badenden Zugluft trifft, die vom Fenster und von den relativ kalten Außenwänden ausgeht (Abb. 23). Unter dem Fenster sollte, wenn irgend möglich, ein Heizkörper angeordnet sein, sofern keine Ofen- oder elektrische Strahlungsheizung benutzt wird.

Das wichtigste bei der Anordnung der sanitären Apparate sind die Abflußleitung (Entwässerung) und die Warm- und Kaltwasserleitungen (Bewässerung).

Grundsätzlich muß davon ausgegangen werden, daß ein Klosett direkt oder in unmittelbarer Nähe des Hauptabwasserrohres aufgestellt wird. Die Leitung vom Klosett bis zum Strang soll möglichst kurz und mit ausreichendem Gefälle verlegt werden, damit es keine Verstopfungen gibt.

Bei allen anderen Geräten ist die Verstopfungsgefahr nicht so groß, da dort in der Regel nur Wasser – wenn auch verschmutztes – abgeleitet wird.

In den meisten Fällen müssen alle aufgestellten Apparate an einen Entwässerungsstrang angeschlossen werden, da eben ein zweiter nicht vorhanden ist. Daraus ergibt sich der Zwang, alle Geräte in Reih und Glied anschließen zu müsssen, was oft nicht einfach ist. Aber jeder Fallstrang ist ein Kostenfaktor, besonders dann, wenn er noch bis über das Dach als Entlüftung geführt und auch der Grundkanal erweitert werden muß. Bei zu planenden Gebäuden sollte aus diesem Grunde immer versucht werden, alle Räume (Küche, WC, Bad), die eine Entwässerung gebrauchen, möglichst dicht beieinander zu halten, um mit wenigen Strängen für die Be- und Entwässerung auszukommen.

Für die Bewässerung gilt das für die Entwässerung Gesagte in abgeschwächter Form. Die Wasserleitungen sind in der Dimension geringer und somit leichter zu verlegen, um an entfernt liegende Objekte zu gelangen.

24 Diese Installationswand dient gleichzeitig als Raumteiler zwischen Küche und Bad.

Installationswände

Vorgefertigte Installationswände sind in den verschiedensten Ausführungen am Markt. Einfachste Ausführungen bis hin zu fertigen Wänden, die praktisch wie ein Möbelstück nur noch aufgestellt und montiert werden müssen, erleichtern und beschleunigen die Arbeit. Die in Abbildung 24 dargestellte Installationswand (von BBC) übernimmt – so man will – sogar die Funktion des Raumteilers. Es können zum Beispiel aus einem großen Altbauraum im Handumdrehen durch Hinstellen der Wand Küche und Bad installiert werden.

Aus fünf verfügbaren Elementen (WC, Waschbecken, Bidet, Dusche, Badewanne) können verschieden große Sanitäreinheiten erstellt werden.

Die Elemente sind 750 mm breit, 2250 mm hoch und einschließlich Plattenbelag 280 mm tief. Die Wand enthält die Verteilung für Frischwasser, Abwasserrohre, Verteilung für Elektroenergie, Warmwasserbereitung, Einbauspülkasten. Nach Montage der Wand sind nur die einzelnen Anschlüsse (Zu- und Abwasser, Elektro) herzustellen.

Folgende Wandkombinationen können erstellt werden:

18

WC + Waschbecken
WC + Waschbecken + Dusche
WC + Waschbecken + Badewanne
WC + Waschbecken + Bidet + Dusche
WC + Waschbecken + Bidet + Badewanne

Für die anderen Wände des Sanitärraumes sind Fliesen gleichen Dekors und gleicher Farbe verfügbar.
Wird auf der anderen Seite keine Küche installiert, kann die Wand mit Holz oder Leichtbauplatten verschlossen werden.

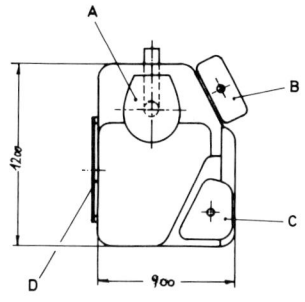

25 Installationszelle aus einem Guß mit Klosett (A), Spülkasten (B), Waschbecken (C) und Tür (D).

Sanitäreinheiten

Sanitäreinheiten sind vollständige, komplett eingerichtete, als Raum ausgebildete Naßzellen, die mit einer Tür versehen sind. Sie bestehen aus glasfaserverstärktem Acryl und sind anschlußfertig verrohrt.
Nach Anlieferung und Aufstellung sind lediglich Abwasser, Kalt- und Warmwasser, Lichtstrom und eine eventuelle Entlüftung anzuschließen. Eine frontseitige Verkleidung schließt die Zelle nun als eigenen Raum ab (Abb. 25 bis 29). Sie kann benutzt werden.
Und wo ist der »Haken«, fragen Sie. Nun ja. Zunächst versteht es sich von selbst, daß die Zelle eben eine Zelle ist und kein Gymnastikbad. Die sanitären Gegenstände bilden mit den Wänden usw. eine Einheit und sind ineinander integriert. Also viele Dinge auf kleinstem Raum

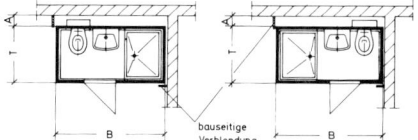

Bez	Maße in mm
A	200
B	2145
T	1130
H	2305 + Ständer Füße 125

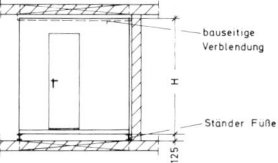

26 Naßraumzelle mit Dusche, Waschtisch und Klosett mit herkömmlichen Objektformen.

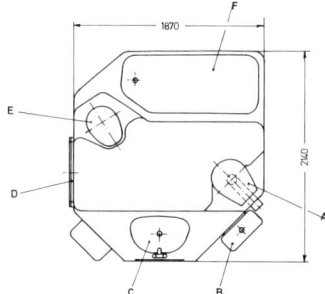

27 Installationszelle aus einem Stück mit Klosett (A), Spülkasten (B), Waschtisch (C), Tür (D), Bidet (E) und Badewanne (F).

28 Die Zelle wird aufgestellt, ausgerichtet, angeschlossen ...

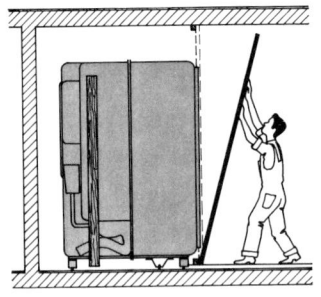

29 ... und verkleidet.

und trotz der geringen Abmessung relativ viel Bewegungsfreiheit.

Der nächste »Haken« und für viele das »AUS«: die Abmessungen. So gering sie sein mögen, für die meisten Türen oder Fenster sind sie immer noch zu groß. Einige Ausführungen werden jedoch auch geteilt angeliefert, die erst an Ort und Stelle zu verschrauben und verkleben sind. Also gegebenenfalls probieren und mit den Herstellern sprechen.

Wer die Zelle einbringen kann, hat im Handumdrehen sein Bad, seine Dusche oder sein WC fertig. Pikfein ausgestattet und leicht zu pflegen, denn auf der glatten, porenfreien Acryloberfläche kann sich kaum Schmutz festsetzen. Zum Reinigen genügt in der Regel ein feuchtes Tuch. Acrylglas hat eine für Kunststoff hohe Oberflächenhärte. Sollte es trotzdem zu Verkratzungen kommen, können sie nach Herstellerangaben leicht wieder beseitigt werden. Auch gewollt oder ungewollt entstandene Löcher sind zu schließen.

Wenn man die Umstände bedenkt, die der Einbau eines Bades sonst mit sich bringt, ist dies eine wirklich feine Sache. Und noch eins, der Raum vor der Zelle kann immer noch Trimm- oder Aufenthaltsraum sein.

Dusche und Bad im Schrank

Eine, wenn auch nicht voll befriedigende Möglichkeit ist die, daß eine Dusche oder eine Wanne vielleicht in der geräumigen Küche oder im Flur noch Platz finden, die, werden sie nicht benutzt, in einem Schrank oder einer Truhe verschwinden. Lesen Sie dazu bitte die Kapitel »Das Duschbad« und »Das Wannenbad«.

Geld von Vater Staat

Zum Schluß sollten Sie noch wissen, daß der Staat für die Altbausanierung Kredite gibt, die äußerst günstig sind und auch dann gewährt werden, wenn nur die Sanitärinstallation zu sanieren ist.

20

Werkstoffe und Normen

Auch beim Bau von Sanitäranlagen, angefangen vom einfachsten Klosettraum über das Badezimmer bis hin zum Schwimmbad, gelten besondere Regeln bezüglich des Werkstoffs und der Ausführung. Wer meint, die Regeln nicht einhalten zu müssen, wird bald eines Besseren belehrt. Alle Werkstoffe sind nicht für alle Arbeiten geeignet, so muß man zum Beispiel nach mechanischer oder chemischer Belastung auswählen. Es gibt Bauordnungen, die auf gültigen Gesetzen beruhen und Vorschriften, die beispielsweise das Wasserwerk ausgegeben hat. Sie alle müssen beachtet werden. Es ist schmerzlich, wenn man fertige Anlagen wegen Nichtbeachtung der Vorschriften wieder abreißen oder ändern muß. Einfacher ist es, sich vorher zu orientieren.

Welche Werkstoffe wann?

Die Frage: »Welche Werkstoffe wann?« bezieht sich hauptsächlich auf die Art des Werkstoffs in seinem Verhalten in Verbindung mit anderen Werkstoffen als auch mit Wässern, Chemikalien und Temperaturen. Auch die mechanische oder statische Beanspruchung spielt eine Rolle. Wie oft kommt es vor, daß ein neues Rohr bricht, weil es der ausgesetzten Belastung nicht gewachsen war. Auch für den Fachmann ist es nicht immer leicht, all diese Komponenten aufeinander abzustimmen. Denn die angelieferten Wässer sind besonders in den Großstädten von unterschiedlicher Qualität, da das Wasser in der Regel nicht nur einem Brunnen entnommen wird. Mal kommt es von Norden, mal von Süden, aus einem Fluß, als Oberflächenwasser und so weiter, tausend verschiedene Möglichkeiten. Man muß also Materialien verwenden, die möglichst allen Einflüssen Widerstand entgegensetzen und die eine gewisse Zeit, ohne ausgewechselt oder repariert werden zu müssen, überdauern.

Besonders in den letzten Jahren wurden seitens der Industrie große Anstrengungen unternommen, um Werkstoffe zu schaffen, die allen Forderungen gerecht werden. Dabei sollen sie weiterhin leicht zu verarbeiten, leicht zu transportieren und natürlich preiswert sein. Es geht sogar soweit, daß Dichtungskitte den Lebensmittelgesetzen entsprechen müssen, denn es wird ja in Form von Trinkwasser ein Lebensmittel den Leitungen entnommen.

Man kann davon ausgehen, daß die einzubauenden Geräte wie Warmwasserbereiter, Spülkästen, Klosettschüsseln, Badewannen, Schwimmbecken, Umwälzanlagen usw. von dem Hersteller so konzipiert sind, daß innerhalb dieser Geräte alle Einbauten den Erfordernissen entsprechend ausgestattet und ausgeführt sind. Sicher gibt es Ausnahmen, bei denen noch nach Jahren vorher nicht erkennbare Mängel auftreten können. Aber die Regel ist doch, daß alles stimmt und in Ordnung ist. Qualitätsunterschiede, die sich in der Hauptsache im Preis ausdrücken, sind jedoch zu berücksichtigen. Selbstverständlich müssen Geräte fachgerecht und nach der beim Kauf meist mitgelieferten Montageanleitung aufgestellt und angeschlossen werden. Geht aus solch einer Anweisung hervor, aus welchem Werkstoff zum Beispiel ein wasserführendes Teil besteht, sollte beim Anschließen des Geräts für die Verbindung zur Wasserleitung auch das geeignete Rohr in Material und Stärke verwendet werden. Im ungünstigsten Fall, wenn das Gerät an die vorhandene Wasserleitung nicht angeschlossen werden kann, muß man sich für ein anderes, passenderes entscheiden. Nachdem Sie nun dieses gelesen haben, fragen Sie sich: »Wie, wo, was?« Dazu bedarf es also noch einiger Erläuterungen.

Jeder kennt Rost, den rötlichbraunen Materialverderber, der durch die sogenannte chemische Korrosion auf Stahl und Eisen entsteht. Vor dieser Korrosion sind in der Regel alle für das hier besprochene Gebiet hergestellten Materialien und Geräte geschützt, es sei denn, Sie bürsten zum Beispiel die Edelstahlleiter Ihres Schwimmbades mit einer Stahldrahtbürste ab. Feinste Stahlteile bleiben auf der Oberfläche der Leiter haften und fangen natürlich an zu rosten. Es sieht so aus, als roste die rost-

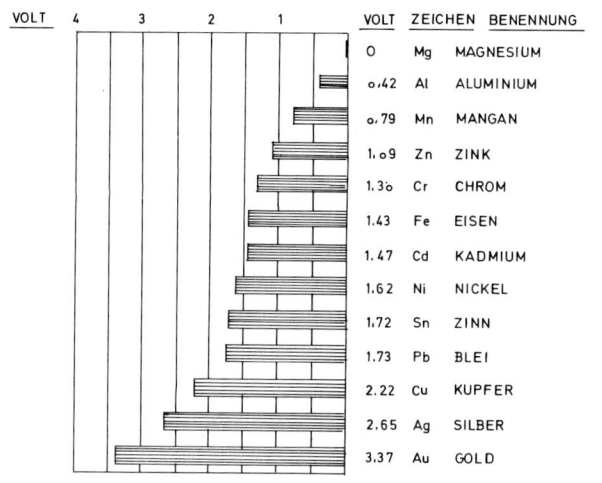

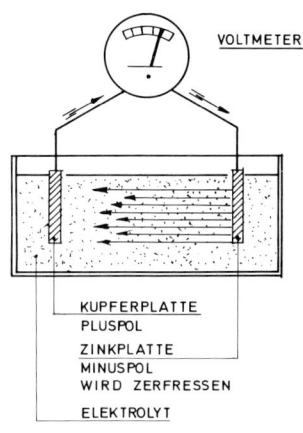

SPANNUNGSREIHE WICHTIGER METALLE
BEZOGEN AUF MAGNESIUM

GALVANISCHES ELEMENT

VOLT	ZEICHEN	BENENNUNG
0	Mg	MAGNESIUM
0,42	Al	ALUMINIUM
0,79	Mn	MANGAN
1,09	Zn	ZINK
1,36	Cr	CHROM
1.43	Fe	EISEN
1.47	Cd	KADMIUM
1.62	Ni	NICKEL
1.72	Sn	ZINN
1.73	Pb	BLEI
2.22	Cu	KUPFER
2.65	Ag	SILBER
3.37	Au	GOLD

VOLTMETER

KUPFERPLATTE
PLUSPOL
ZINKPLATTE
MINUSPOL
WIRD ZERFRESSEN
ELEKTROLYT

freie Leiter. Sie reklamieren womöglich noch beim Lieferanten.

Hier geht es jedoch um die elektrochemische Korrosion. Was ist das? In Abbildung 30 ist das Prinzip dieser Korrosion zur besseren Erkenntnis dargestellt. Das auf der Abbildung rechts abgebildete galvanische Element besteht aus zwei Metallplatten (in der Regel Kupfer und Zink – man merke auf), die in ein sogenanntes Elektrolyt (verdünnte Schwefelsäure, es geht aber auch angesäuertes Wasser) tauchen. Zwischen diesen beiden Metallplatten fließt nun ein Strom, und zwar von dem unedleren Metall zu dem edleren. Das unedlere Metall zersetzt sich dabei.

Welcher Strom fließt, ist in Abbildung 30 links im Verhältnis zu Magnesium, das mit 0 Volt angenommen wurde, dargestellt. Grundlage dafür ist die sogenannte Spannungsreihe der Elemente. Dabei gilt: je weiter zwei Metalle in dieser Spannungsreihe auseinanderliegen, desto größer ist die erzeugte Spannung und desto schneller geht die Auflösung des Minuspols vor sich. Zwischen Kupfer und Zink also kann ein Strom von 2,22 V – 1,09 V

30 Links die Spannungsreihe einiger Metalle, bezogen auf Magnesium. Rechts das Prinzipbild des galvanischen Elements.

= 1,13 V fließen. Der Stromfluß kann nur auftreten, wenn ein Elektrolyt vorhanden ist. Da auch Leitungswasser (ja sogar Handschweiß) als Elektrolyt wirksam wird, ist die Verbindung zur Sanitärinstallation hergestellt. In Abbildung 31 ist dargestellt, was passiert, wenn der Zink- beziehungsweise Bleiüberzug eines Stahlrohres, beispielsweise durch eine mechanische Beanspruchung (Stoß oder Schlag), an einer Stelle durchstoßen wird. Beim verzinkten Stahlrohr – Zink unedler Eisen – wird die Verzinkung und beim verbleiten Stahlrohr – Blei edler Eisen – der Stahl durch elektrolytische Korrosion angegriffen.

Bei einigen Warmwasserbereitern (Boiler) wird diesem Umstand Rechnung getragen, indem sie mit sogenannten Opferanoden aus Magnesium (!!) ausgestattet und leitend verbunden werden. Diese Anoden haben nur die eine Aufgabe, bei entstehender galvanischer Spannung zwischen verschiedenen Metallen, den Minuspol zu bilden und sich zu zersetzen. Eine Anode hält mehrere Jahre, nach Verzehr wird sie erneuert, die Behälter bleiben intakt.

31 Bei Beschädigung von Überzugsmaterialien kann es zu einer elektrolytischen Korrosion kommen.

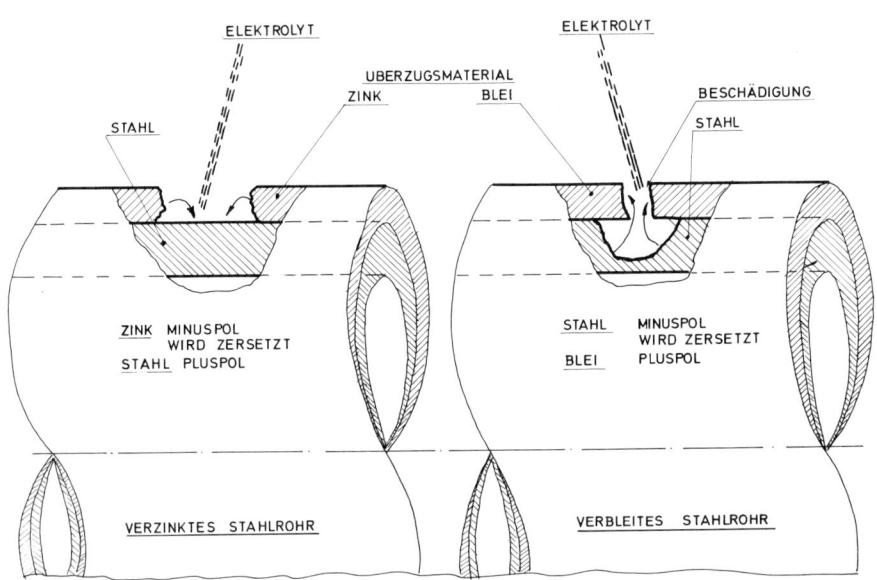

ELEKTROLYT

ELEKTROLYT

UBERZUGSMATERIAL
ZINK   BLEI

BESCHÄDIGUNG

STAHL

STAHL

ZINK MINUSPOL
WIRD ZERSETZT
STAHL PLUSPOL

STAHL MINUSPOL
WIRD ZERSETZT
BLEI PLUSPOL

VERZINKTES STAHLROHR

VERBLEITES STAHLROHR

Was heißt das nun für die Praxis? Zunächst heißt das, daß verschiedene Metalle dort, wo zu befürchten ist, daß ein Elektrolyt hinzukommt, sich nicht berühren dürfen. Ausgeschlossen sind natürlich Metallteile, die einen nichtmetallischen Überzug haben wie beispielsweise Emaille. Es sind also nichtleitende Zwischenstücke aus Kunststoff oder dergleichen einzubauen. Auch Schellen und Befestigungen (zum Beispiel verzinkte Schellen an Kupferrohren) sind entsprechend dem Rohrmaterial zu wählen oder mit einer Isolierschicht aus Gummi, Kork oder Kunststoff, sie wirken gleichzeitig geräuschmildernd, auszustatten. Im Innern der Rohre, und zwar in Flußrichtung des Wassers, müssen nach diesem Prinzip bei sich ändernden Werkstoffen die Metalle immer edler werden (Abb. 32). Auch Strecken aus neutralen Werkstoffen, zum Beispiel Kunststoffrohre, unterbinden nicht diese Forderung. Es hat sich nämlich gezeigt, daß Kupferspäne, und seien sie auch noch so klein, die in Zinkrohre getrieben wurden, eine elektrochemische Korrosion und letztlich die Zerstörung des Rohres hervorgerufen haben. Zu beachten sind in diesem Zusammenhang noch Warmwasserbereiter, die mit einer sogenannten Zirkulationsleitung ausgestattet sind.

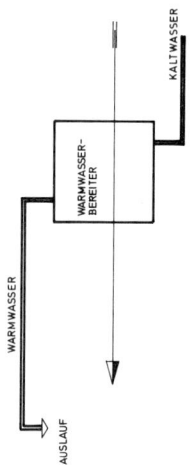

32 In Pfeilrichtung müssen bei Materialänderung die Werkstoffe immer edler werden.

Das den Warmwasserbereiter verlassende Wasser wird, wenn kein Verbrauch stattfand, dem Boiler zur Wiedererwärmung eventuell auch mehrere Male zugeführt (Abb. 33). In diesem Kreislauf – einschließlich Warmwasserbereiter – kann also nur mit einem Metall als Werkstoff gearbeitet werden. Armaturen-Messing verhält sich nach den heutigen Kenntnissen sowohl zu verzinkten Anlageteilen als auch zu Kupferteilen ziemlich neutral.

In der nachfolgenden Tabelle 2 sind einige Beispiele für die Auswahl des Materials aufgeführt. Da die elektrochemische Korrosion zunächst unsichtbar und unkontrolliert verläuft, ist sie so gefährlich und wird oft mit einer Handbewegung als nicht existent abgetan. Aber sie ist da und arbeitet im verborgenen.

Aber die benutzten Materialien werden natürlich auch durch andere Einflüsse beansprucht. Temperatur und chemische Zusammensetzung der Wässer greifen die Gerätschaften an, ebenso Urin und Reinigungsmittel. So

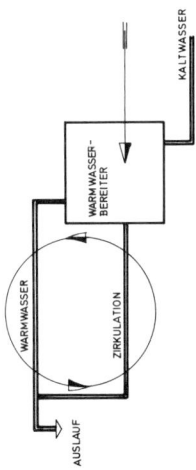

33 Im Zirkulationskreis darf nur ein metallischer Werkstoff Verwendung finden.

müssen bereits bei der Planung dem Verwendungszweck entsprechende Materialien gewählt werden. Billige Kunststoffabflußrohre sind oft für Temperaturen von über 90° C nicht geeignet (Waschmaschinen, Kochkessel). Für die Verrohrung des Schwimmbades haben sich besonders PVC hart-Rohre bewährt, denn Schwimmbadwasser ist aggressiv.

Tabelle 2

Unter der Voraussetzung, daß alle Anlageteile der Schemazeichnungen in den Abbildungen 32 und 33 aus Metall sind, es kommt wohl nur verzinktes Stahlrohr und Kupferrohr in Frage, können anhand dieser Tabelle nach einem gegebenen Material die anderen bestimmt werden (gegebenes Material *Kursiv*). Kunststoff- oder Emaileinbauten unterbrechen diese Kette nicht (Zink = verzinkter Stahl).

Zu Abbildung 32

Warmwasserbereiter	Kaltwasserleitung	Warmwasserleitung
Zink	Zink	Zink, Kupfer
Kupfer	Zink, Kupfer	Kupfer
Zink, Kupfer	*Zink*	Zink, Kupfer
Kupfer	*Kupfer*	Kupfer
Zink	Zink	*Zink*
Zink, Kupfer	Zink, Kupfer	*Kupfer*

Zu Abbildung 33

Warmwasserbereiter	Kaltwasserleitung	Warmwasserleitung, Zirkulation
Zink	Zink	Zink
Kupfer	Zink	Kupfer
Zink, Kupfer	*Zink*	Zink, Kupfer
Kupfer	*Kupfer*	Kupfer
Zink	Zink	*Zink*
Kupfer	Zink, Kupfer	*Kupfer*

Wenn beispielsweise beim Warmwasserbereiter Zink und Kupfer möglich sind, muß das gewählte Material wieder mit der nachfolgenden Warmwasserleitung abgestimmt werden.

Material- und Arbeitskunde

Duschen, Bäder und Swimming-pools kauft man in der Regel nicht »von der Stange«. Sie werden zumeist individuell geplant, um in bestehende Räume integriert und mit den entsprechenden Ver- und Entsorgungsleitungen und -anlagen verbunden zu werden. Die Verbindungselemente und ihre Verarbeitung sollen in diesem Abschnitt besprochen werden. Die eigentlichen Apparate werden gesondert in den entsprechenden Kapiteln detailliert behandelt.

In der Hauptsache sind es hier in diesem Zusammenhang wohl die Rohrleitungen mit den Verbindungsstücken, die vom Ersteller besonders in fachlicher Hinsicht bestellt und verarbeitet werden müssen. Kupfer- und Kunststoffrohre sind für den Heimwerker leicht zu verarbeiten, wie wir aber noch aus dem vorangegangenen Abschnitt wissen, ist dies nicht immer möglich. So soll hier also auch auf die anderen herkömmlichen Methoden hingewiesen werden.

Stahl und Gußeisen spielten in der Sanitärtechnik jahrzehntelang eine entscheidende Rolle, und auch heute noch werden die meisten Bauten mit Röhren aus diesen Werkstoffen ausgestattet. Es kann nicht bestritten werden, daß sie sich außerordentlich bewährt haben. Insbesondere ihre hohe Widerstandsfähigkeit gegen mechanische Beanspruchung hat für diesen Erfolg gesorgt. Außerdem gab es kaum Alternativen. Kupfer und Kunststoff wurden erst in den letzten Jahren mehr und mehr auf den Markt gebracht. Dies war sehr schwer, da alles, was an Geräten und Werkzeugen angeboten wurde, auf eben die herkömmlichen Werkstoffe und Materialien abgestimmt war. Auch der Heimwerkermarkt war hier äußerst zurückhaltend.

Nach Art und Verwendungszweck ist wie folgt zu unterscheiden:

Bewässerung. In der Sanitärinstallation werden, wenn nichts anderes verlangt wird, die sogenannten mittelschweren Gewinderohre nach DIN 2440 (Tabelle 3) in geschweißter oder nahtloser Form benutzt. Die Rohre sind innen und außen verzinkt. Die Bezeichnung der Nennweite

34 Mit der Kluppe werden Gewinde auf die Rohre geschnitten.

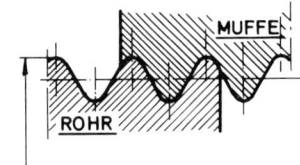

DURCHMESSER

35 In der Sanitärinstallation werden für die Rohrverbindungen ausschließlich Whitworthgewinde benutzt.

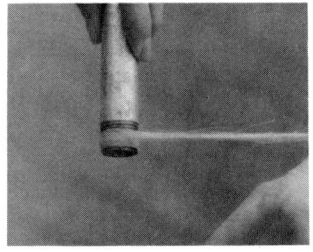

36 Ein Gewinde kann mit Hanf und Kitt...

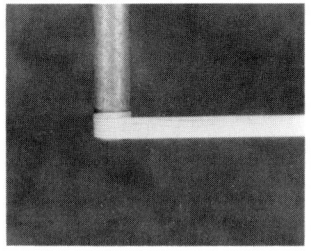

37 ... oder mit einem Kunststoffband eingedichtet werden.

erfolgt in Zoll, seltener in Millimeter. Verschraubungen, Bogen, Winkel, Muffen usw. werden aus Temperguß hergestellt und anschließend ebenfalls verzinkt. Verzinkte Rohre sollen nicht gebogen werden, da an den Biegestellen die Verzinkung Schaden erleiden kann. Die erforderlichen Rohrlängen werden mit der Metallsäge oder dem Rohrschneider abgeschnitten und mit einer Kluppe (Abb. 34) beiderseits mit Gewinde versehen (Abb. 35).

Wird dieses Gewinde nun in eine entsprechende Muffe gedreht, ist es natürlich nicht dicht. Wasser kann austreten. Es ist deshalb erforderlich, das Gewinde vorher mit Hanf und einem Dichtungskitt (Abb. 36) oder mit einem Dichtungsband (Abb. 37) zu versehen. Gewinde an Messingteilen oder sonstige glatte Gewinde werden vor dem Auftrag der Dichtungsmaterialien mit einem alten Sägeblatt aufgerauht. Bei Unterlassung würden sich Hanf oder Dichtungsband nicht mit in die Muffe hineindrehen. Die Verbindung wäre undicht.

Vor dem Einbau eines Rohres ist hindurchzusehen, um festzustellen, ob das Rohr keine Querschnittsverengungen hat oder ganz zu ist.

Die gebräuchlichsten Verbindungsstücke, die sogenannten Fittings, sind in Abbildung 38 schematisch dargestellt und in Tabelle 4 näher bezeichnet. Die jeweils zugehörige Nummer kennzeichnet diesen Teil auch bei Ihrem Händler. Wenn Sie den Winkel Nr. 92 in $^1/_2''$ verzinkt bestellen, dann gibt es keine Verwechselungsmöglichkeit.

Die Bezeichnung von T-Stücken (Abzweigen) ist für den ungeübten Verbraucher nicht einfach. In Abbildung 39 ist der Bezeichnungsverlauf mit Beispielen dargestellt.

Nach Möglichkeit sollten immer Bogen verwendet werden, da hier die Strömungsverhältnisse des Wassers günstiger sind und somit weniger Geräusche verursacht werden. Winkel sind aus Platzgründen jedoch nicht immer vermeidbar.

Alle Rohrleitungen sollten vom Hausanschluß aus gesehen zur Zapfstelle hin mit etwas Steigung verlegt werden. Dies ist nötig, um der sich in den Leitungen befindlichen Luft die Möglichkeit zum Entweichen zu geben. Auch soll aus allen Leitungen, wenn die Anlage entleert wird, das Wasser abfließen können. Dies gilt natürlich auch für Leitungen aus anderen Werkstoffen.

Kupferrohre, mit oder ohne Isoliermantel. Das Verlege- und Montagesystem mit Kupferrohren scheint für den Heimwerker erfunden worden zu sein. Rohre und Verbindungsstücke sind zwar nicht ganz billig und werden in der Regel nach einem Tagespreis gehandelt, der sich nach der sogenannten Del-Notiz richtet. Das ist der Preis, der auf dem Weltmarkt zu zahlen ist. Da jedoch Kupferrohre im Verhältnis zu verzinkten Stahlrohren sehr glatte Innenwandungen besitzen, ist die Wasserleistung in einer Zeiteinheit bei gleichem Querschnitt bei Kupfer größer. Daraus ergibt sich, daß die Kupferleitung kleiner gewählt werden kann. Das Preisverhältnis zum verzinkten Stahlrohr wird dadurch günstiger. Kupferrohre sind lagermäßig, jeweils in den Abstufungen nach Tabelle 5 in zwei Ausführungen lieferbar:

»Weich«, in Herstellungsringen bis einschließlich 22 mm Außendurchmesser;

»Hart«, in gestreckter Herstellung.

Unter dem Handelsnamen »Wicu-Rohr« ist ein Kupferrohr im Handel, das sich seiner bereits angebrachten Isolierung wegen einer großen Beliebtheit erfreut. Das weiche Rohr in Ringen von 10 × 1 mm bis 18 × 1 mm besitzt einen PVC-Stegmantel (Abb. 40) und das harte Rohr in Stangen von 22 × 1 mm bis 54 × 2 mm eine Schaumstoffeinlage unter einem PVC-Schutzmantel (Abb. 41). Das Rohr eignet sich gleich gut für Auf- und Unterputzmontage. Das Kupferrohr ist leicht zu trennen, entweder mit der Säge oder dem Rohrschneider. Weiches Kupferrohr (Ringe) läßt sich außerordentlich gut biegen, am besten mit einer Biegemaschine, auch das harte Stangenrohr ist bis 18 × 1 mm auf der Biegemaschine kaltbiegefähig. Bei fachgerechter Handhabung paßt das abgeschnittene Rohr genau in den Lötfitting oder die Verschraubung.

Man unterscheidet lösbare und feste Kupferrohrverbindungen. Lösbare Verbindungen werden mit den unter dem Handelsnamen »Ermeto-Verschraubungen« bekannten Verschraubungen hergestellt. In der Sanitärinstallation ist jedoch die feste Verbindung durch Löten die Regel, und hier für den Heimwerker am einfachsten durchführbar: die Weichlötung.

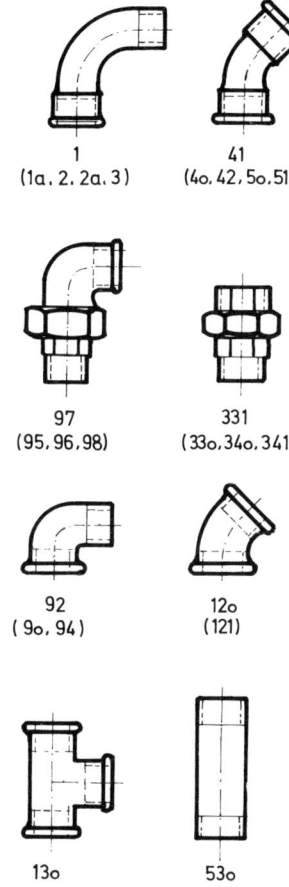

1
(1a, 2, 2a, 3)

41
(4o, 42, 5o, 51)

97
(95, 96, 98)

331
(33o, 34o, 341)

92
(9o, 94)

12o
(121)

13o

53o

38 Verzinkte Fittings mit zugehörigen Nummern.

29

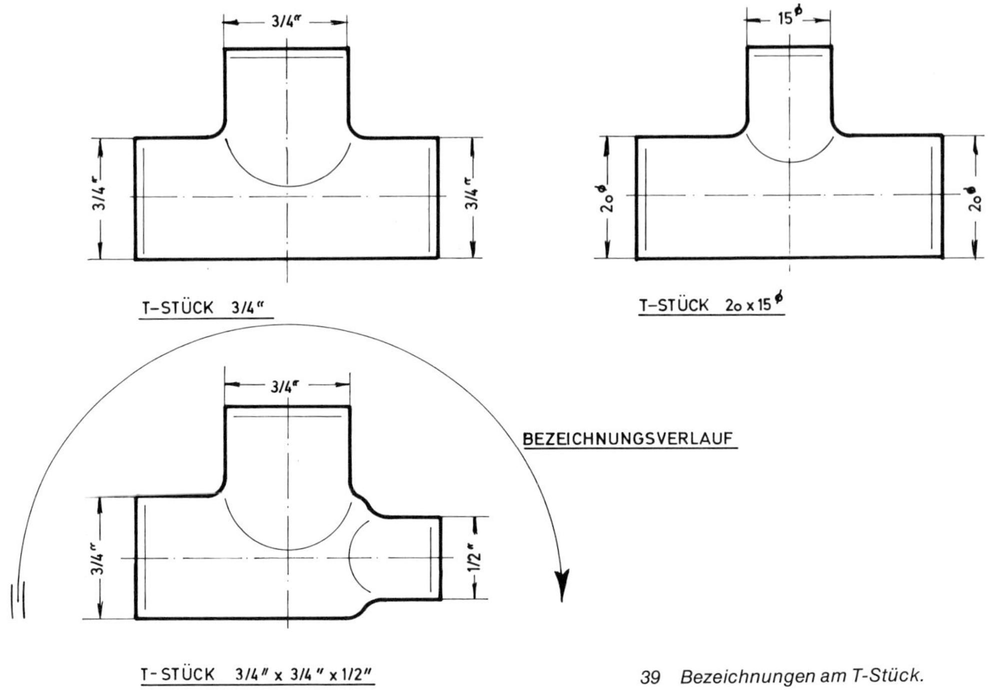

T-STÜCK 3/4"

T-STÜCK 2o x 15 φ

BEZEICHNUNGSVERLAUF

T-STÜCK 3/4" x 3/4" x 1/2"

39 *Bezeichnungen am T-Stück.*

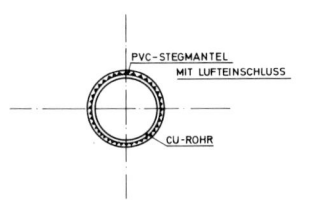

40 Das sogenannte Wicu-Rohr aus Kupfer mit PVC-Mantel.

Die Rohrenden, die eingelötet werden sollen, müssen am besten mit Stahlwolle vorher gesäubert werden, denn nur metallisch blanke Oberflächen ergeben eine fachgerechte Lötung. Das Rohrende wird mit einem Flußmittel (Abb. 43) (zum Beispiel Bänninger, Bestell Nr. 4940) überzogen und in die Bohrung des Fittings gesteckt. Mit einem geeigneten Brenner (Abb. 42 + 44) wird die Lötstelle von der Rohrseite her auf die Arbeitstemperatur des Lotes erwärmt. Ist die Temperatur erreicht, wird die Flamme von der Lötstelle entfernt und das Lot (z. B. Bänninger-Bestell-Nr. 4935) an den Fittingsrand gehalten. Auf Grund des Kapillareffektes füllt sich der Lötspalt selbsttätig (Abb. 45).

Die Hartlötung, die bei der Sanitärinstallation nicht erforderlich ist, ist der Weichlötung im Grunde gleichzuset-

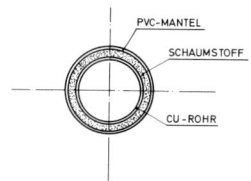

41 Größere Dimensionen des Wicu-Rohrs haben eine Schaumstoffisolierung.

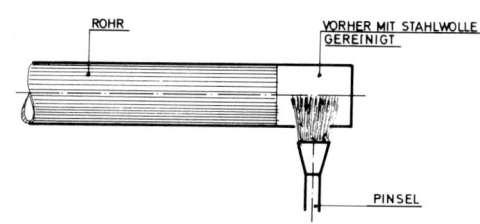

43 Das mit Stahlwolle gereinigte Rohrende wird mit einem Flußmittel dünn eingestrichen.

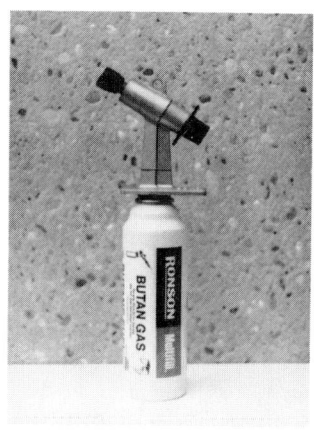

42 Ein einfach zu handhabender Brenner mit Wegwerfkartusche.

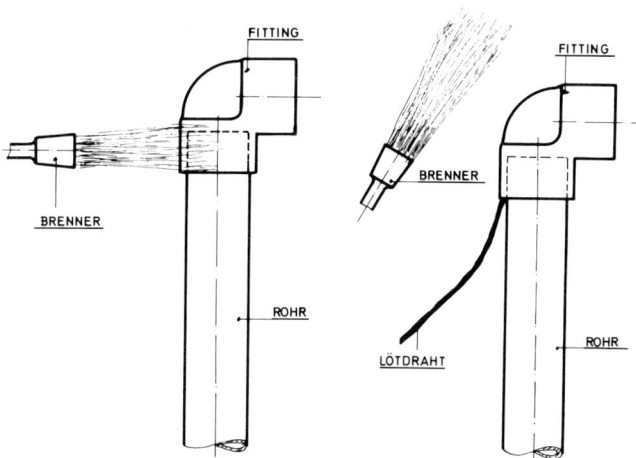

44 Das Fitting wird aufgeschoben und zusammen mit dem Rohr auf Arbeitstemperatur gebracht.

45 Brenner entfernen und Lötdraht an die Naht halten. Durch die Kapillarwirkung saugt sich der Spalt voll Lot.

zen. Es werden lediglich höhere Arbeitstemperaturen benötigt, die ein aufwendigeres Lötgerät erfordern.

Beim Verlegen von Kupferrohr, besonders für Warmwasseranlagen, muß auf ausreichende Ausdehnungsmöglichkeit des Rohres geachtet werden. Kupfer dehnt sich bei Erwärmung stärker als andere Materialien aus. Wie beim verzinkten Rohr, steht auch bei Kupferrohr eine Reihe von Fittings zur Verfügung.

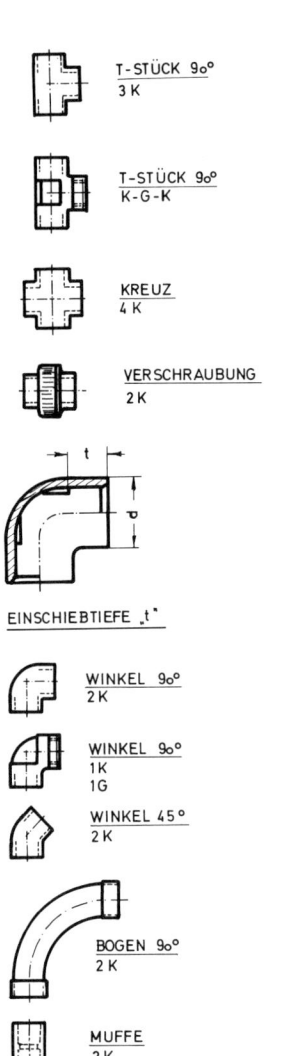

T-STÜCK 90°
3 K

T-STÜCK 90°
K-G-K

KREUZ
4 K

VERSCHRAUBUNG
2 K

EINSCHIEBTIEFE „t"

WINKEL 90°
2 K

WINKEL 90°
1 K
1 G

WINKEL 45°
2 K

BOGEN 90°
2 K

MUFFE
2 K

K = KLEBEMUFFE
G = GEWINDEMUFFE

46 Gebräuchliche Formstücke aus PVC hart.

Schwimmbadumwälzung. Zum Transport des Schwimm-badwassers vom Becken zum Filter, eventuell über das Heizaggregat und zurück zum Becken, sind Kunststoff-rohre bestens geeignet. In erster Linie werden PVC hart-Rohre benutzt, was jedoch nicht ausschließt, daß auch andere Kunststoffe eingesetzt werden können. Stahl-rohre, verzinkte Stahlrohre und auch Kupferrohre wer-den von den Schwimmbadwässern, wenn diese nicht richtig eingestellt sind, angegriffen.

PVC hart-Rohre gibt es in verschiedenen Reihen, das heißt mit unterschiedlichen Wandstärken, wobei jeweils der Außendurchmesser gleich bleibt. In der Tabelle 6 sind einige Rohre bis NW 75 aufgeführt, andere Größen kommen kaum vor. Die kleinen Dimensionen sind für Schwimmbäder nicht brauchbar, dafür aber für Trink-wasserleitungen.

Anhand der Tabellen 6 und 7 ist nach festgelegter Di-mension die erforderliche Reihe zu bestimmen. Man kann davon ausgehen, daß diese Rohre zum Beispiel in der Nähe des Heizaggregates Wasser mit etwa 50°C transportieren müssen. Somit sind die Rohre druckmäßig nicht mehr stark zu belasten. Es empfiehlt sich also, Rohre der Reihe 4 zu wählen.

Das Verarbeiten der Rohre und Fittings ist verhältnis-mäßig einfach, muß aber qualifiziert ausgeführt werden. Abgelängt werden die Rohre mit dem Fuchsschwanz und einer Schneidlade aus Holz oder Kunststoff. Es ist näm-lich wichtig, daß das Rohrende immer gerade abge-schnitten wird. Dies gilt sowohl als Vorbereitung auf die lösbare Schraub- als auch auf die unlösbare Klebever-bindung. Damit sind dann schon die beiden Verbin-dungsmöglichkeiten angesprochen. Wobei für diesen Verwendungszweck die Klebeverbindung bevorzugt be-nutzt wird.

Abbildung 46 zeigt einige gebräuchliche Fittings.

Schraubverbindung. Bei der Schraubverbindung werden zwei Arten unterschieden. Zunächst einmal die Schraub-verbindung mit Fittings aus Metall. Hierbei wird das Rohrende einfach in das Verbindungsteil bis zum An-schlag gesteckt, die entsprechende Überwurfmutter an-gezogen und fertig (Abb. 47), eine einfache Sache! Eine

Reihe von Formstücken steht zur Auswahl, und zwar mit Innen- oder Außengewinde zum Übergang auf Whitworth-Rohrgewinde, T-Stücke, Bogen und Abgänge, ja sogar Wandscheiben.

Die zweite Schraubverbindung erfolgt mit PVC hart-Formstücken, die in der Regel einseitig auf das Rohr aufgeklebt werden, andererseits aber die Möglichkeit bieten, Teile mit Whitworth-Gewinden einzuschrauben.

Das Eindichten von Gewindeverbindungen aus PVC-Teilen erfolgt ausschließlich mittels Dichtband (Teflonband). Andere, bisher bei Tempergußfittings gebräuchliche Eindichtungen mit Hanf und Dichtpaste sind für PVC-Gewindeverbindungen nicht geeignet. Dichtpasten können die PVC-Gewinde angreifen und zerstören, und Hanf kann, wird er zu dick aufgelegt, das PVC-Fitting sprengen. Dies kommt hin und wieder sogar bei Tempergußfittings vor. Das Gewinde wird also in Gewinderichtung mit etwa 2 Lagen Teflon so stramm umwickelt, daß sich das Band in das Gewinde eindrückt. Vor dem Eindichten ist durch Einschrauben des Gewindes festzustellen, ob die Verbindung auch paßt. Es muß sich leicht von Hand einschrauben lassen. Nach dem Eindichten darf das Fitting auf keinen Fall mit einer Rohrzange angefaßt werden. Jedes Teil hat einen Sechs- oder Achtkant und kann so werkstoffgerecht mit genormten Maulschlüsseln angezogen oder gegengehalten werden.

Klebeverbindungen. Die Klebeverbindungen von PVC hart-Rohren sind unlöslich. Nach dem Einstreichen der beiden Teile löst der Kleber die Oberflächen von Rohr und Fitting etwas an. Nach dem Zusammenfügen quellen sie gegeneinander auf und verschmelzen in der obersten Schicht miteinander. Während des Abbindeprozesses erhärtet dann die Klebefuge. Je nach Temperatur dauert dieser Abbindeprozeß Minuten oder Stunden. Eine Inbetriebnahme der Rohrleitung kann also erst nach einiger Zeit erfolgen. Dies ist besonders bei Reparaturen oder Erweiterungen wichtig.

Als Faustformel – bei 20°C Raumtemperatur – kann gelten: Betriebsdruck der Leitung in atü = Wartezeit in Stunden nach der letzten Klebung. Es kann vorkommen, daß zu verklebende Teile vor dem Auftrag des Klebers

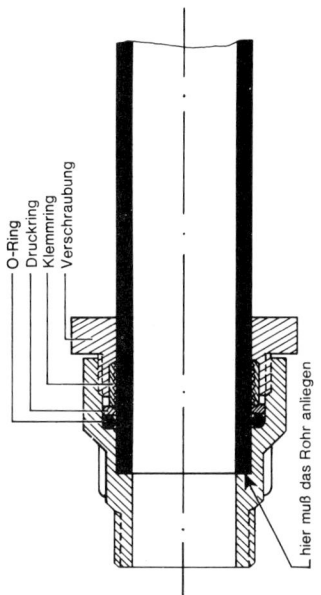

47 Metallverschraubung und gleichzeitig Übergang von Kunststoff auf Metall.

nicht ineinander passen. Diese Teile können jedoch nach Auftragen des Klebers ineinander geschoben werden, da der Klebstoff als Gleitmittel wirkt. Nach dem Zuschneiden erhält das Rohrende eine Phase, das geht am besten mit einer Kunststoffraspel. Die Einschiebtiefe wird durch Probieren oder Messen auf dem Rohr mit Blei oder Filzstift rundherum gekennzeichnet. Mit Krepp-Papier sind Rohr und Fitting an den Klebestellen sorgfältig und gründlich zu trocknen und zu säubern. Den Kleber (Henkel-Tangit) vor Gebrauch umrühren und mit einem Pinsel auftragen, zuerst das Fitting, dann das Rohr. Teile zusammenfügen, ohne Verdrehen und Verkanten! Nach einer Minute muß der Klebevorgang beendet sein. Ausgetretenen Klebstoff gleich mit Krepp-Papier abwischen. Klebung während der ersten fünf Minuten nicht bewegen.

Kleber und Reiniger enthalten Lösungsmittel und sind feuergefährlich. Also: Arbeitsräume lüften und offene Flammen fernhalten, nicht rauchen, schweißen usw.

Entwässerung. Für die Entwässerung von Gebäuden steht eine große Reihe von Abflußrohren zur Verfügung, die sich in bezug auf den Werkstoff und damit auch im Preis unterscheiden. Nur ganz kurz soll hier auf die Steinzeug- und Betonrohre hingewiesen werden, die für den sogenannten Grundkanal, das ist der Sammelkanal im Erdreich, also unter dem Haus, Verwendung finden. Auch Rohre aus Asbestzement, unter dem Namen »Eternit« bekannt, werden als Abflußrohre (in der Regel aber nur in größeren Bauobjekten) eingesetzt.

Guß-, Stahl- und Kunststoffabflußrohre werden in großer Zahl täglich in Gebäude eingebaut und auch (und das ist ja hier das Thema überhaupt) von Heimwerkern verwendet. Besonders Kunststoffabflußrohre werden in Heimwerker- und Baumärkten geführt und sind somit leicht zu beschaffen.

Guß-, Stahl- und Kunststoffrohre können untereinander und miteinander kombiniert werden, ohne daß Korrosionen auftreten. Für alle Übergänge gibt es besondere Formstücke.

Vor Jahren – und in einigen Gegenden auch heute noch– wurden zum Anschluß sanitärer Objekte an das Hauptabflußrohr Bleirohre benutzt, heute übernehmen Kunststoff- oder Stahlrohre diese Funktion.

In Tabelle 8 sind die erforderlichen Nennweiten für haushaltsübliche Sanitär-Objekte und -Apparate angegeben, diese Maße dürfen nicht unterschritten werden, auch ist eine Überschreitung möglichst zu vermeiden.

Gußabflußrohre. Wie schon gesagt, sind Gußabflußrohre weit verbreitet und haben sich in mehreren Beziehungen außerordentlich bewährt. Gußeisen ist zwar das Teuerste, was man als Abflußrohr einbauen kann, dafür aber beständig gegen die Abwässer, die es abzuleiten gilt. Außerdem, bedingt durch die große Masse, lies Gewicht, gut geräuschdämpfend. Bei anderen Rohren ist, um dies zu erreichen, eine zusätzliche Isolierung erforderlich.

Es stehen Rohre in verschiedenen Längen und Nennweiten sowie Formstücke für alle vorkommenden Abflußführungen zur Verfügung. Unter Nennweite 50, und das betrifft eben die Anschlußleitungen der meisten Objekte, werden keine Rohre hergestellt. Hier ist dann – wie gesagt – auf Kunststoff, Stahl oder, wenn man will, auf Blei überzugehen.

Bei der Altbausanierung ist es oft erforderlich, daß an eine bestehende Gußleitung ein seitlicher Zufluß angebracht werden muß. Zu diesem Zweck gibt es die sogenannte Anhauschelle (Abb. 48), die, nachdem ein entsprechendes Loch in den Strang gebohrt und geschlagen wurde, auf das Rohr aufgeschraubt wird. Die Schelle gibt es in mehreren Nennweiten für verschiedene Rohrdurchmesser.

Gerade Gußrohre mit einer Muffe sind in den Nennweiten 50, 70, 100, 125, 150 und 200 und jeweils in den Längen 150, 250, 500, 750, 1000, 1250, 1500, 1750 und 2000 mm erhältlich. Dazu die dann in der Hauptsache benötigten Bogen in den Nennabwinkelungen 15°, 30°, 45°, 70°, 80° und 90° und Abzweige mit seitlichem Abgang im Winkel von 45°, 70° und 90° und verschiedenen Nennweitenkombinationen.

Die Verbindung der Rohre erfolgt heute mit Dichtungsringen. Teilweise auch noch in althergebrachter Tradition mit Hanfstrick und einer Vergußmasse (Solus, Blei, Zement). Der Heimwerker dichtet mit Dichtungsringen.

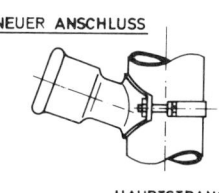

NEUER ANSCHLUSS

HAUPTSTRANG

48 Ein vorhandenes Abwasserrohr wird mit einem Anschluß versehen.

49 Mit der Finne eines Hammers kann ein Gußrohr Stück für Stück verkürzt werden.

Trotz der verschiedenen Längen bleibt es oft nicht aus, daß ein Rohr verkürzt werden muß. Man kann es sägen, mit einem Rohrschneider trennen oder abschlagen. Dazu wird zum Beispiel ein kurzes Rohr mit dem Muffenende auf einen harten Untergrund gestellt und das zu verkürzende Rohr gemäß Abbildung 49 auf dem Rand Stück für Stück mit der Finne eines Hammers abgeschlagen.

Stahlabflußrohr. Stahlabflußrohr, das besonders unter den Namen LORO-X und LORO-KB bekannt ist, ist ein geschweißtes Präzisionsstahlrohr, das für die Verwendung als Abflußrohr zugelassen ist. Die Rohre sind innen und außen verzinkt. Die Ausführung »X« ist innen zusätzlich kunstharzbeschichtet und die Ausführung »KB« innen und außen mit PVC überzogen. So gesehen kann von diesen Rohren auch eine lange Lebensdauer erwartet werden. Zusätzlich zu den Nennweiten des Gußrohres gibt es die NW 40, die besonders für den Anschluß der Objekte benutzt werden kann. Auch hier sind Übergänge auf alle anderen Rohrmaterialien zu haben. Abgelängt wird mit der Säge, wobei die Schnittflächen mit Ausbesserungspaste zu behandeln sind.

Die Verbindung in den Muffen geschieht mit einer Gummidichtung (Abb. 50 bis 54).

Die geraden Rohrstücke werden in den Längen 250, 500, 750, 1000, 1500, 2000 und 3000 mm gehandelt. Das weitere Programm entspricht dem des Gußrohres. Für alle vorkommenden Geruchverschlußausführungen von Waschtischen und anderem gibt es Gummidichtungen, die die Montage äußerst einfach und rentabel erscheinen lassen.

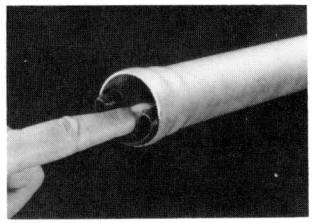

50 Dichtungselement bei einem Stahlabflußrohr. Dichtring einlegen, . . .

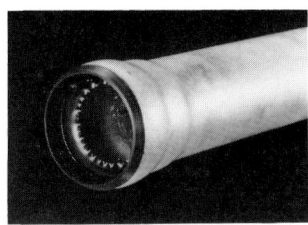

51 . . . oben mit dem Finger eindrücken, . . .

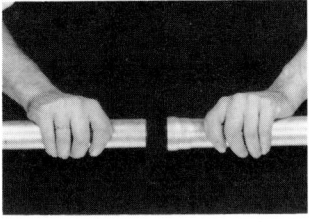

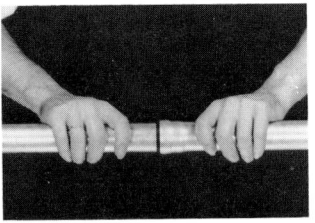

52 . . . einspringen lassen und mit Dauergleitmittel bestreichen.

53 Die beiden Rohrenden gegeneinander führen . . .

54 . . . und leicht drehend zusammenfügen.

Kunststoffabflußrohre. Kunststoffabflußrohre (Abb. 55) sind für den Heimwerker am leichtesten zu beschaffen und zu montieren. Wie wir wissen, sind auch diese Rohre an alle anderen Systeme mit entsprechenden Übergangsstücken anschließbar. Nachteilig ist vielleicht die größere Empfindlichkeit gegen thermische und mechanische Beanspruchung. Das Ablängen, Verlegen und Verbinden ist verhältnismäßig einfach. Ablängen mit der Säge und das Verbinden mit entsprechenden Gummiringen. Einfacher geht es kaum (Abb. 56).

55 Kunststoffabflußrohre sind leicht und schnell zu montieren.

Nennweiten: 40, 50, 70, 100, 125, 150.

Längen des geraden Rohres mit einer Kupplung: 150, 250, 500, 750, 1000, 1250, 1500, 1750, 2000, 3000 und 4000 mm. Formstücke wie Bogen, Abzweige und Übergänge sind wie bei Guß- und Stahlabflußrohren in einer großen Zahl verfügbar, somit kann man allen Erfordernissen gerecht werden.

Man achte beim Kauf auf Qualitäten, die höhere Temperaturen vertragen. Als Regenrohr oder als Abwasserrohr für ein Schwimmbad ist diese Forderung natürlich nicht vorrangig.

Auch auf die Schalldämmung sei noch verwiesen, die bei Fallrohren von Mehrfamilienhäusern und bei Regenrohren wichtig erscheint.

56 Die Abdichtung der Kunststoffrohre erfolgt mittels Dichtring.

Bemerkungen. Handwerkliche Arbeiten können in der Regel nur mit entsprechendem und einwandfreiem Werkzeug und Material ausgeführt werden.

Chromteile leiden natürlich sehr, wenn sie mit scharfen Zangen festgehalten oder gedreht werden. Spezielle Ausführungen (Abb. 57) oder auch Maulschlüssel verhindern Beschädigungen. Notfalls muß ein dickes Tuch um das Zangenmaul gelegt werden. Auch das Herstellen von Löchern zum Einsetzen der Dübel geht oft nicht ohne Schaden ab. Entsprechende Widiabohrer für die Bohrmaschine oder ein Handgriff mit Bohrer zur manuellen

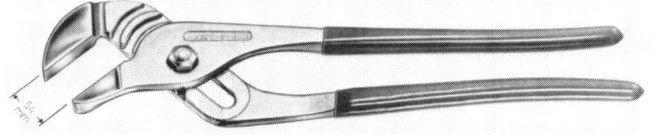

57 Chromteile nur mit speziellen Chromzangen angreifen.

37

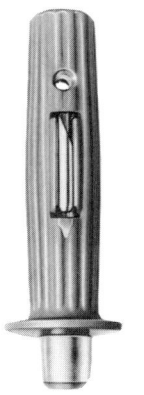

58 Griffstück eines Handbohrers zum Setzen von Dübeln.

Benutzung (Abb. 58 + 59) lassen die Arbeit leicht und sauber gelingen. Die Stelle einer Fliese, an der ein Loch gebohrt werden soll, kann zunächst mit einem Körner leicht angeschlagen werden, der Bohrer verläuft dann nicht und faßt sofort.

Kleinmaterialien wie Schrauben und Dübel sind auch nach Verwendungszweck zu wählen. Schrauben sind der Feuchte wegen aus Messing oder, wenn sie sichtbar sind, zusätzlich noch vernickelt. Auch sind Schrauben erhältlich, die nach der Montage mit einer Abdeckkappe (Abb 60) versehen werden. Diese Schrauben mit Kappe eignen sich gut zum Verschließen von Bohrlöchern, die nicht mehr benötigt werden. Ähnliche Schrauben werden zur Befestigung von bodenstehenden Klosetts benutzt (Abb. 61).

Tabelle 3 Gebräuchliche Gewinderohre nach DIN 2440

Nennweite NW Zoll	mm	Rohraußen- durchmesser d_1 mm	Wanddicke S mm	Inhalt V l/m	Gewicht G kg/m
$^1/_2''$	15	21,3	2,65	0,20	1,22
$^3/_4''$	20	26,9	2,65	0,37	1,58
$1''$	25	33,7	3,25	0,58	2,44
$1^1/_4''$	32	42,4	3,25	1,01	3,14
$1^1/_2''$	40	48,3	3,25	1,37	3,61
$2''$	50	60,3	3,65	2,20	5,10

Tabelle 4 *Übersicht gebräuchlicher Fittings*

i = Innengewinde   a = Außengewinde

Nr.	Benennung	Winkel	Form	Gewinde
1	Bogen	90°	lang	i − a
1a	Bogen	90°	kurz	i − a
2	Bogen	90°	lang	i − i
2a	Bogen	90°	kurz	i − i
3	Bogen	90°	lang	a − a
40	Bogen	45°		i − a
41	Bogen	45°		i − i
42	Bogen	45°		a − a

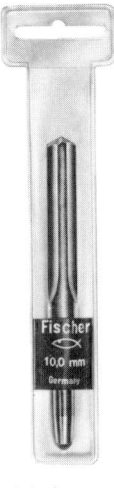

59 Der Steinbohrer.

38

Fortsetzung von Tabelle 4

50	Bogen	30°		i – a
51	Bogen	30°		i – i
90	Winkel	90°		i – i
92	Winkel	90°		i – a
94	Winkel	90°		a – a
95	Winkel-schraubung	90°	flach-dichtend	i – i
96	Winkel-verschraubung	90°	konisch-dichtend	i – i
97	Winkel-verschraubung	90°	flach-dichtend	i – a
98	Winkel-verschraubung	90°	konisch-dichtend	i – a
120	Winkel	45°		i – i
121	Winkel	45°		i – a
130	T-Stück	90°		i – i – i
241	Reduzierstück			i – a
270	Muffe			i – i
290	Stopfen			a
300	Kappe			i
330	Verschraubung		flach-dichtend	i – i
331	Verschraubung		flach-dichtend	i – a
340	Verschraubung		konisch-dichtend	i – i
341	Verschraubung		konisch-dichtend	i – a
530	Nippel			a – a

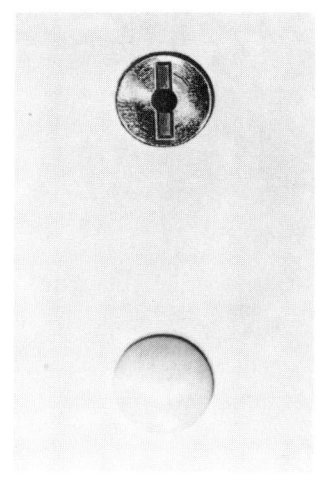

60   Schraube mit Dichtungskappe zum Verschließen von Bohrlöchern.

Tabelle 5

Durchmesser und Wandstärke von Kupferrohr nach DIN 1786

Bezeichnung	Durchmesser mm	Wandstärke mm	Inhalt l/m
10 × 1	10	1	0,05
12 × 1	12	1	0,08
15 × 1	15	1	0,13
18 × 1	18	1	0,20
22 × 1	22	1	0,32
28 × 1,5	28	1,5	0,49
35 × 1,5	35	1,5	0,80
42 × 1,5	42	1,5	1,20
54 × 2,0	54	2,0	2,00

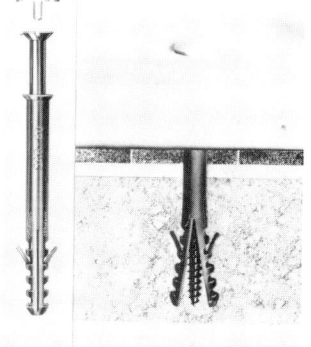

61   Klosettbefestigung mit Spezial-dübel und Schraubenabdeckung.

Tabelle 6

PVC hart-Rohre nach DIN 8062

Nenn- weite	Durch- messer mm	Reihe 2 Wand- stärke mm	Reihe 3 Wand- stärke mm	Reihe 4 Wand- stärke mm	Reihe 5 Wand- stärke mm	Ein- schieb- tiefe t mm
6	10				1,0	
8	12				1,0	
10	16				1,2	14
15	20				1,5	16
20	25			1,5	1,9	18,5
25	32			1,8	2,4	22
32	40		1,8	2,0	3,0	26
40	50		1,8	2,4	3,7	31
50	63		1,9	3,0	4,7	37,5
65	75	1,8	2,2	3,6	5,6	43,5

Tabelle 7

Zulässiger Betriebsdruck der PVC hart-Rohre bei verschiedenen Temperaturen. Druck in kg/cm^2

Temperatur °C	Reihe 2	3	4	5
20	4	6	10	16
40	2,5	4	6	10
60	–	–	1	2,5

Tabelle 8

Mindestnennweiten von Abflußleitungen sanitärer Gegenstände

Gegenstand	Nennweite
Waschbecken	40
Waschtisch	40
Bidet	50
Badewanne	50
Urinal	50
Dusche	50
Badablauf	50
Klosett	100

Genehmigungen

Es ist gut so, wenn für den einzelnen auch beschwerlich und oft mit Kosten verbunden, daß in der Bundesrepublik Deutschland Normen und Regeln gültig sind, die das Bauen als solches reglementieren. Viele Normen und Regeln sind gesetzlich festgelegt und sind somit von jedermann einzuhalten.

Grundlage dazu sind die Bauordnungen der Länder und Satzungen der Gemeinden. Auch Um- und Einbauten, wie sie in diesem Buch beschrieben werden, sind teilweise genehmigungspflichtig. Und seien es auch nur die Arbeiten an der Abwasserinstallation, für die in der Regel das Bauamt zuständig ist; oder der Wasserinstallation, zu der meist das Wasserwerk einiges zu sagen hat. Es versteht sich, daß diese Genehmigungen vor Beginn der Arbeiten eingeholt werden müssen.

Mit der Zustellung der Genehmigungen erhalten Sie dann auch eine Reihe von Vorschriften, die eingehalten werden müssen. Einzelne Forderungen sind oft genau aufgeführt, andere wieder sind pauschal genannt, wie etwa »Nach den Regeln der Technik auszuführen« oder nach vorgegebenen »Normen und Regeln der DIN oder VDE zu arbeiten«. Auch Anschluß- oder Baubestimmungen von Wasser-, Gas- und Elektrowerken sind Grundlage der Genehmigungen. Diese Anschlußbedingungen sind bei den entsprechenden Stellen dann zu haben.

Arbeiten an Gas- und Elektroleitungen dürfen nur von konzessionierten Firmen ausgeführt werden. Also Hände weg!

Die DIN-Normen, die Grundlage der Genehmigung sind – man sollte im übrigen immer nach diesen Regeln arbeiten –, können beim Beuth-Vertrieb*, Berlin, bestellt werden.

Nach Beendigung der Arbeit ist zumeist eine Abnahme durch die Genehmigungsbehörde, das Wasser-, E- und Gaswerk, erforderlich. Die Abnahme ist in der Regel vorher zu beantragen.

---

* Beuth-Vertrieb, Berlin 30, Burggrafenstraße 4 und Köln 1, Friesenplatz 16.

Normen und Regeln

DIN-Normen sind keine Vorschriften, die grundsätzlich eingehalten werden müssen.

1 Durch die Bauordnungen und die Satzungen der Gemeinden, Wasser- und Gaswerke können sie jedoch zu Vorschriften und zu unabdingbaren Forderungen erhoben werden.

2 Um gemäß den anerkannten Regeln der Technik gearbeitet zu haben, ist es ratsam, stets nach DIN und VDE zu arbeiten oder arbeiten zu lassen.

In der Folge sind die wichtigsten DIN-Regeln aufgeführt, die\ beachtet werden sollten. Normen, die sich auf die Herstellung von Badewannen und ähnliches beziehen, sind nicht genannt.

DIN 1986 Grundstücksentwässerungsanlagen, technische Bestimmungen für Bau und Betrieb.

DIN 1988 Wasserleitungsanlagen in Grundstücken, technische Bestimmungen für Bau und Betrieb.

DIN 4109 Schallschutz.

DIN 4753 Sicherheitseinrichtungen für Warmwasserbereitungsanlagen.

DIN 18022 Küche und Bad im Wohnungsbau, Planungsgrundlagen.

DIN 18381 Gas-, Wasser- und Abwasser-Installationsarbeiten.

DIN 16928 Rohre aus thermoplastischen Kunststoffen, Rohrverbindungen, Rohrleitungsteile, Verlegung, allgemeine Richtlinien.

Das Wasser

Ohne Wasser wären Dusche, Bad und Swimming-pool sinnlos. Ein sauberes, keimfreies und angenehmes Wasser ist unentbehrlich und muß genau so geplant werden wie das Drum und Dran der Anlagen. Kann man Wasser planen? Das kommt doch aus der Leitung und fertig. Richtig, aber für alle benötigten Zwecke ist das Wasser, das aus der Leitung kommt, ohne Behandlung nicht brauchbar. Zumindest muß ein Teil des Wassers erwärmt werden. Denn das Wasser aus dem Netz hat in der Regel eine Temperatur von ungefähr 10° C. Das ist natürlich zum Baden und Duschen zu kalt, also schon eine Veränderung.

Es ist jedoch verständlich, daß an dieser Stelle nicht auf alle Eigenarten der verschiedensten Wässer und dabei besonders auf deren Qualität eingegangen werden kann. Das muß der Initiative des einzelnen überlassen bleiben, eine Wasseranalyse anfertigen zu lassen und schädlichen Einflüssen, zum Beispiel durch Beigabe von Chemikalien, zu begegnen.

Worauf ist beim Wasser also besonders zu achten? Zunächst muß in diesem Zusammenhang unterteilt werden in Trink- und Schwimmbadwasser. Das Wasser zum Duschen, Waschen, Baden in der Wanne und zum Betätigen der Klosettspülung ist in der Regel das von den Wasserwerken angelieferte Trinkwasser. Dieses Wasser wird nach einmaligem Gebrauch, zumeist verunreinigt, in den Abwasserkanal entlassen.

Anders dagegen das Schwimmbadwasser, das, von der gelegentlich erforderlichen Ergänzung durch Frischwasser abgesehen, über Monate im Becken verbleibt und mehr oder weniger durch die Badenden oder andere Einflüsse verändert wird. Diese Veränderungen gilt es auszugleichen, teils chemisch, teils mechanisch.

Bedenken Sie, daß Wasser nicht nur Wasser ist, es sind in ihm auch Spuren von Eisen, Mangan, Kupfer, Salze,

Kohlensäure, freier Sauerstoff und zusätzlich auch noch die Verunreinigungen enthalten. So gesehen lohnt es sich, einmal über das Wasser und seine Behandlung nachzudenken. Zuvor jedoch noch einige Erklärungen zu spezifischen Ausdrücken und Größen, die sich für den Laien fast wie Legenden um das Wasser ranken. Keine Angst, es geht ohne Formeln und chemisch verwirrende Ausdrücke. Der Fachmann entschuldigt in diesem Zusammenhang sicher die Vereinfachungen.

Härte

Das Wasser, und das weiß der Leser bestimmt, kann mehr oder weniger hart sein. Die Härte des Wassers wird angegeben in °d = Grad deutscher Härte. Wasser von 0 bis 8°d gilt als weich, von 8 bis 15°d als mittelhart, über 15°d als hart. Bei kleineren Wasserwerken ist die Härte des angelieferten Wassers fast immer konstant. Hier kann man also das Werk nach der Härte fragen. Anders ist es in der Großstadt: Die Wässer kommen meist aus verschiedenen Gegenden und können täglich andere Härtegrade aufweisen.
Je nach Verwendungszweck ist eine bestimmte Härte des Wassers erforderlich. Es ist nicht gesagt, daß das weiche Wasser immer das beste ist. Beim Kaffeekochen und beim Warmwasserbereiten im Kessel auf dem Herd sowie beim Wäschewaschen jedoch sicher.
Denn jeder kennt im Wasserkessel den sogenannten Kesselstein. Die Härte des Wassers wird durch die in ihm gelösten Calcium- und Magnesiumsalze bestimmt. Wie kommt es jetzt, daß im Wasserkessel der Kesselstein beim Kochen des Wassers ausfällt und teilweise nur mit dem Meißel entfernt werden kann? Dafür ist letztlich die Kohlensäure verantwortlich, diese Kohlensäure kennen Sie vom Mineralwasser, wenn Sie eine Flasche öffnen, sprudelt sie so schön. Eine bestimmte Form der Kohlensäure ist es, die die ebengenannten Calcium- und Magnesiumsalze im Wasser gelöst hält. Bei der Erwärmung des Wassers wird jedoch, um diese Salze in Lösung zu halten, mehr Kohlensäure benötigt. Diese Kohlensäure steht nur zur Verfügung, indem sie einigen Salzteilen

entnommen wird; die jetzt kohlensäurelosen Salze fallen als Karbonatstein (Kesselstein) aus. So einfach ist das.

Nun aber umgekehrt. In dem Heizgerät Ihres Schwimmbades haben Sie auch Ausfällungen nach der oben beschriebenen Art und Weise gehabt. Das Wasser kühlt wieder ab, da es ja in das Schwimmbad gedrückt wird. Nun wird wieder Kohlensäure frei, es findet die bei der Erwärmung verlassenen Salze nicht wieder, die sind ja ausgefällt. Diese nicht an Salze gebundene Kohlensäure ist aggressiv und greift Metalle und Beton an. So kann es also vorkommen, daß Wasser, wenn man so will, auch gehärtet werden muß, um Gefahr von den technischen Anlagen abzuwenden. Der Gehalt an Kohlensäure wird durch den allgemeinen Chlorzusatz, durch Fällungsmittel, Kupfersulfat (Algenbekämpfungsmittel) usw. noch erhöht.

ph-Wert

Mit dem ph-Wert wird angegeben, welchen Säure- beziehungsweise Alkaligehalt das Wasser hat. Die ph-Wert-Skala geht von ph = o bis ph = 14. Genau in der Mitte, nämlich bei ph = 7, ist der Neutralpunkt, das heißt das Wasser ist weder alkalisch noch sauer, also neutral. Das vom Wasserwerk angelieferte Trinkwasser hat in der Regel einen ph-Wert von ungefähr 7, mal etwas darunter, mal darüber, aber fast immer so, daß das Wasser von dieser Seite her keinen Schaden anrichten kann.

Anders ist es beim Schwimmbadwasser. Hier ist der ph-Wert von besonderer Bedeutung, da er durch verschiedene Einflüsse leicht und schnell entgleisen kann. Das Wasser ist dann in der Lage, Geräten und Becken Schaden zuzufügen.

Die Firma Geberit hat einmal für verschiedene Stoffe den ph-Wert bestimmt, sie kam dabei zu folgendem Ergebnis:

ph = 0   3,65% Salzsäure,
ph = 2   WC-Reiniger,
ph = 11   Rohrreiniger,
ph = 12   Waschmittel,
ph = 14   4 %iges Ätznatron.

Da diese Stoffe im normalen Abwasser auch anfallen können, müssen die Anlagen entsprechend widerstandsfähig sein. Das nebenbei, zurück zum Schwimmbadwasser.

In der Regel wird das Wasser eines Schwimmbades nach der alkalischen Seite hin umkippen, nach ph = 8, 9 oder 10. Dies geschieht durch Seife, Haarwaschmittel und ähnliches, die die Badenden unbewußt mit einschleppen oder durch Reinigungsmittel, die beim Reinigen des Umgangs in das Becken gelangen.

Sie fragen sich, was die Sache mit dem ph-Wert eigentlich soll? Nun, sicher haben Sie schon einmal in einem Schwimmbad mit geöffneten Augen getaucht und später gerötete, vielleicht auch geschwollene Augen gehabt, auch Hautreizungen kommen bei empfindlicheren Personen vor. Dies ist, entgegen der allgemeinen Meinung, in der Regel keine Folge von zu hohem Chlorgehalt des Wassers, sondern eine Folge einer ph-Wert-Entgleisung. Außerdem kann zum Beispiel das Chlor die im Wasser enthaltenen organischen Substanzen nur dann vollständig verzehren, wenn der ph-Wert zwischen 7,2 und 7,6 liegt. Dies sind dann auch die Grenzwerte, die unter Umständen täglich zu überprüfen und erforderlichenfalls einzustellen sind.

Chlorrestgehalt

Das Schwimmbadwasser muß man, damit Ansteckungen von Krankheiten unter den Badegästen vermieden werden, entkeimen.

Die verbreitetste Art ist die Chlorung, die eleganteste und neuzeitlichste die Bromung.

Da jedoch der Schwimmbadbesitzer nicht täglich eine bakteriologische Wasseruntersuchung machen lassen kann – selbst kann man das nicht –, ist sicherzustellen, daß immer ausreichend Chlor oder Brom im Wasser vorhanden ist. Der einzuhaltende Mindestwert, bei Chlor 0,3 bis 0,6 mg/l (Milligramm pro Liter), bei Brom 0,4 bis 1 mg/l, muß am Beckenende (Skimmer) erreicht werden. Entsprechend mehr muß am Beckenanfang (Einlaufdüsen) eingebracht werden. Bei Algenbefall kann eine sogenannte Stoßchlorung (2 mg/l Restchlorgehalt) oder Stoßbromung durchgeführt werden. Dabei werden die erwähnten Werte natürlich überschritten. Chlorempfindliche Personen sollten dann erst nach Abbau des Chlorgehaltes wieder schwimmen gehen.

Wasserbehandlung

Nach Klärung der weniger geläufigen, aber wichtigen Bezeichnungen und Zusammenhänge nun als Zusammenfassung das, was sich als Folge der Kenntnisse ergibt.
Zunächst also die grundsätzliche Forderung nach Behandlung des Wassers, ob Trink- oder Schwimmbadwasser, wobei die erforderliche Trinkwasserbehandlung im Einzelfall nach einer vorangegangenen Analyse erfolgen sollte. Nicht einfach an der Haustür oder im Supermarkt eine Dosieranlage mit Dosierchemikalien kaufen. Das geht meist schief. Auch wenn keine Aufbereitung erforderlich ist, sollte doch auf den Einbau eines Wasserfilters an der Hauseinführung nicht verzichtet werden. Dieser Filter entfernt Schwebstoffe aller Art, die teilweise Korrosionen an den Rohrleitungen oder Verfärbungen des Wassers hervorrufen können. Auch sind dann Luftsprudler (Perlatoren) und Spülkästen durch Einschwemmungen weniger häufig verstopft.
Anders beim Schwimmbadwasser, das auf jeden Fall dauernd behandelt werden muß, will man einwandfreies Wasser haben. Schwimmbadwasser sollte letztlich Trinkwasserqualitäten haben, trotz der Benutzung durch die Badenden und sonstiger Umwelteinflüsse. So gilt es, für die verschiedensten Formen der Qualitätsbeeinflussung des Wassers jeweils die richtigen Mittel zum richtigen Zeitpunkt einzusetzen.
Es ist natürlich auch möglich, aber die Unsinnigkeit ist deutlich erkennbar, das Wasser täglich oder jeden zweiten Tag zu erneuern. Erstens ist das Wasser teuer, zweitens ist damit ein großer Zeitaufwand verbunden und drittens ist das Wasser immer kalt und zu frisch. Der nächste Schritt wäre also die Chlorung oder Bromung, um das Wasser keim- und algenfrei zu halten. Stören könnten jetzt noch die Trübstoffe wie Haare, Schup-

pen und Staub, die vom Chlor oder Brom nicht verzehrt werden. Das Wasser wird trüb und lädt nicht mehr so sehr zum Bade ein.

Darüber haben sich die Wasserchemiker aber auch schon Gedanken gemacht und ein sogenanntes Flokkungsmittel geschaffen, das die Trübstoffe bindet und auf den Grund des Beckens befördert. Mit einem Absaugegerät können diese Stoffe nun aus dem Becken und somit dem Wasser entfernt werden. Zwei ph-Wert-Regulierungsmittel, eins zum Senken, eins zum Anheben, vervollständigen die einfachste wassertechnische Schwimmbadausrüstung.

Ein Chlormeßbesteck zum Messen des Chlorrestgehaltes und des ph-Wertes sollte selbstverständlich auch eingesetzt werden, denn ohne Messung ist eine vernünftige Einstellung nicht möglich. Sie merken schon, daß die Geschichte mit dem Wasser gar nicht einfach ist und viel Zeit erfordert. Um dies zu umgehen, denkt man nun an Automation. Automation kostet Geld, zunächst die Anschaffung und dann der Betrieb, ganz klar. Wem jedoch zunächst die Mittel fehlen, der sollte wenigstens Skimmer, Bodeneinlauf und Einstrahldüsen mit den erforderlichen Rohrleitungen einbauen und das Herzstück der Anlage, das Filtergerät, später nachinstallieren.

Das Filter (Abb. 62) saugt Beckenwasser über Skimmer und Bodeneinlauf oder Rinne und Bodeneinlauf über einen Haarfänger durch eine Pumpe an und drückt es durch ein Filtermaterial zum Becken zurück. Das Wasser ist gereinigt. Einmal jährlich etwa ist das Becken zusätzlich zu reinigen, indem das Wasser abgelassen wird. Es kann zwischen zwei Filterausführungen gewählt werden, dem Sandfilter und dem Kieselgurfilter.

Sandfilteranlagen sind besonders einfach in der Handhabung, da die Sandfüllung immer im Gerät bleibt und durch Rückspülung gereinigt wird. Auch das Rückspülen kann automatisch erfolgen, also kaum noch Arbeit.

Das Kieselgurfilter dagegen hat Filtertücher oder Filterkerzen, die mit Kieselgur beaufschlagt werden und so das Wasser reinigen. Beim Rückspülen ist die Kieselgurmasse verloren, sie geht in den Abwasserkanal. Es muß wieder neue Kieselgur – zumeist durch Einschütten in den Skimmer – eingefüllt werden.

62 Schwimmbadfilter in Kompaktausführung mit Filterkessel (A), Filterpumpe (B), Umsteuerventil (C), Wärmetauscher (D), Heizungspumpe (E) und Temperaturregelung (F).

48

Tabelle 9

Zweck	Chemikal bzw. Gerät
Vernichtung von Keimen und Algen Weiche und mittelharte Wässer, Sandfilter	Chlortablette HTH 72-T Chlorgranulat HTH 72-G HTH = Hydro-Tox-Hypochlorid
Vernichtung von Keimen und Algen Alle Wässer Alle Filter besonders jedoch harte Wässer und Anschwemmfilter	Chlortablette HTC 54-T Chlorgranulat HTC 63-G schnellwirkend HTC = Hydro-Tabex-Chlor
Vernichtung von Keimen und Algen Alle Wässer Alle Filter Dauerchlorung z. B. über Urlaub	Großtablette HTC 90-maxi Kleintablette HTC 90-mini
Chlorstabilisierung in Freibädern in Kombination mit Chlor	Granulat HSr HSr = Hydro-Stabilisator
Vernichtung von Keimen und Algen Alle Wässer Alle Filter Chlorempfindlichkeit	Bromsticks HHS 90 HHS = Hydro-Halo-Sticks
Vernichtung von Algen Alle Wässer Alle Filter	Pulver HAd HAd = Hydro-Algicid
ph-Wert-Regulierung Senkung	Granulat HpHS HpHS = Hydro phS
ph-Wert-Regulierung Hebung	Granulat HpHH HpHH = Hydro-pH-H
Flockung ph-Wert 7,2 bis 7,6	Pulver HF HF = Hydro-Floc
Kalkstabilisierung	Pulver HKx HKx = Hydro-Kalkex
Chlor-Messung	Chlormeßbesteck
Brom-Messung	Chlormeßbesteck »Chlorwert« mit 2,2 multiplizieren
ph-Wert-Messung	ph-Meßbesteck
Härteprüfgerät	Härteprüfgerät Aquamerk Tabletten und Tropfen
Kurzliteratur	Wasserfibel

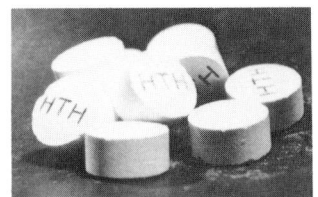

63 Chlor-Tabletten.

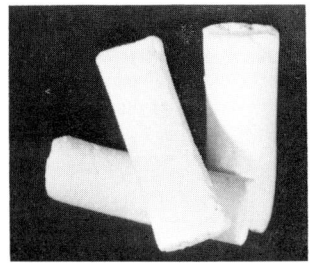

64 Brom-Sticks.

In vielen Gemeinden ist das Einlassen von Kieselgur in das Entwässerungsnetz nicht zulässig, also vorher erkundigen. Ein Kieselgurfilter hat gegenüber dem Sandfilter somit höhere Betriebskosten.

Auch bei einem Becken mit Filter ist hin und wieder der Boden mit einem Bodenabsauger zu reinigen, eventuell sogar unter vorheriger Zugabe eines Flockungsmittels. Diese Bodenabsauger sind einfach in der Ausführung, da sie über den Skimmer an das Filtergerät angeschlossen werden. Durch besondere Anordnung der Einlaufdüsen jedoch ist, von einigen Ecken abgesehen, auch ein sauberer Boden zu erzielen. So weit – so gut.

Welche Chemikalien und Geräte (Abb. 63 + 64) sind nun aber einzusetzen? Dies soll tabellarisch anhand der Hydro-Schwimmbadpflegemittel (Fa. Akdolit GmbH, Hochdahl b. Düsseldorf) dargestellt werden (Tabelle 9).

Nehmen Sie bitte immer zugelassene und erprobte Chemikalien, nur so werden Schäden an Leitungen und Geräten vermieden. Hin und wieder wird empfohlen, das Einstellen des ph-Wertes, wenn das Wasser zur alkalischen Seite hin abgerutscht ist, mit Salzsäure durchzuführen. Machen Sie das nicht, alle metallischen Teile würden sehr darunter leiden. Also nur erprobte Chemikalien.

Warmwasserbereitung

Warmes Wasser bereiten und dieses warm halten ist aufwendig und kostet Geld, und wenn die erforderliche Anlage noch dazu primitiv ist, viel Geld. Also vorher planen, überlegen und rechnen. Gerade aber bei dem hier in diesem Buch behandelten Thema Dusche, Bad und Schwimmbad spielt das warme Wasser eine herausragende Rolle, und so ist es erforderlich, sich damit gründlich zu befassen.

Überall wo Wärme im Spiel ist, wird Energie verbraucht und wo heute Energie verbraucht wird, wird vom Sparen, Sparen und nochmals Sparen gesprochen. Oft wird jedoch nicht nach dieser Parole gehandelt, der Kunde kann ja bezahlen, nach dem Prinzip: Anlage billig, Auftrag erhalten, Wirtschaftlichkeit egal. Dabei geht es in der Hauptsache um die Art der Anlage und besonders um die Ausführung der Isolierung. Und Isolierstoffe sind billig und preiswert.

Als Energien zur Bereitung von Warmwasser kommen wohl Öl, Gas, Strom, Koks, Kohle, Fernwärme, Holz und Abfall in Frage. Je nach Möglichkeit des einzelnen, sind Vergleiche bezüglich des Preises zu ziehen und danach die entsprechenden Anlagen zu wählen. So soll hier in der Hauptsache auf die Art der Anlage und deren Funktion eingegangen werden. Der Wärmeerzeuger ist dann nach vorhandener Energie zu wählen. Oft sind bereits Heizungsanlagen in Betrieb, oder es werden solche geplant, an die dann die Warmwasserbereitung angeschlossen werden kann. Für die Beheizung eines Hallenbades zum Beispiel muß die Heizung in der Regel das ganze Jahr laufen, und in einem Wohnhaus wird die Heizung im Mittel etwa 200 bis 250 Tage im Jahr betrieben.

Auch beim Warmwasserbereiten muß nach Trink- und Schwimmbadwasser unterschieden werden. Zum Trinkwasser gehört natürlich auch das Wasser zum Duschen usw.

Trinkwassererwärmung

Der erste Schritt bei der Planung ist das Festlegen, ob die Warmwasserbereitung zentral, beispielsweise von der Heizung aus, oder dezentral an den einzelnen Verbrauchern installiert werden soll. Vor- und Nachteile dieser Anlagearten halten sich die Waage und sind hauptsächlich von den räumlichen Verhältnissen und der zur Verfügung stehenden Energie nach Menge und Art abhängig.

Elektrischer Strom, abgesehen vom Nachtstrom, ist in der Regel teuer, sein Transport jedoch verhältnismäßig billig, dies bezüglich der zu verlegenden Leitungen. So werden dann auch bei dezentralen Warmwasserbereitungsanlagen vielfach Elektrogeräte benutzt, die unmittelbar dem Verbraucher zugeordnet werden. Auch der mit festen Brennstoffen oder mit Öl betriebene Badeofen ist noch lange nicht aus dem Geschäft, obwohl die Belästigung durch Geruch und Staub nicht gerade angenehm ist.

65 *Warmwasserbereiter kann man auch in Nebenräumen aufstellen, soll das Bad davon freigehalten werden.*

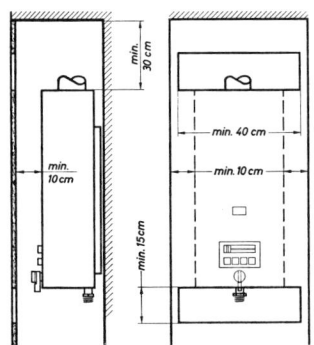

66 Beim Einbau von gasbeheiz-
ten Warmwasserbereitern in
Schränken müssen ausreichende
Lüftungsöffnungen vorgesehen
werden.

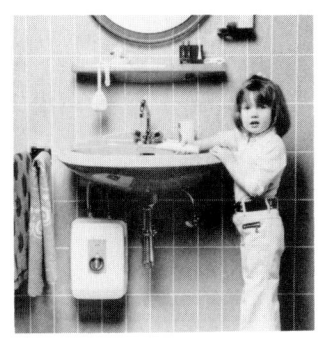

67 Warmwasserbereiter dezentral
am Verbraucher.

Gasbeheizte Warmwasserbereiter, auch Gas ist preiswert
zu transportieren, finden ebenso häufig Verwendung.
Die Integration derartiger Geräte in Bäder usw. ist mit
etwas Geschick gut lösbar. Es bieten sich zum Teil
Nebenräume (Abb.65) an, die auch als Arbeitsräume
oder ähnliches genutzt werden.

Gas- und Elektrowarmwasserbereiter lassen sich auch in
Schränken (Abb.66) und unterhalb der zu versorgenden
Einrichtungen installieren (Abb.67).

Mit der Frage nach dem zentralen oder dezentralen
Standort muß man gleichzeitig überlegen, welche Wassermengen insgesamt benötigt werden, beziehungsweise
wieviel Wasser ist an den einzelnen Verbrauchern erforderlich, um die Größe oder Leistung der oder des Warmwasserbereiters zu bestimmen. Bei der zentralen Bereitung geht man in der Regel von der Wohnungs- und
Personenzahl aus, bei der dezentralen Bereitung von Er-
fahrungswerten, die für die einzelnen Verbraucher ermittelt wurden.

Sehr unangenehm ist es, fällt während des Badens oder
Duschens das warme Wasser der geringen Kapazität des
Warmwasserbereiters wegen aus oder werden die Warte-
zeiten zwischen einzelnen Badegängen zu lang. Dies besonders dann, wenn große Familien oder mehrere Personen nacheinander das Bad benutzen wollen. So ist bei
der Größenwahl von Warmwasserspeichern auch gleichzeitig die sogenannte Wiederaufheizzeit zu beachten.
Das ist die Zeit, die das Gerät benötigt, um bei völliger
Warmwasserentnahme das kalte Wasser wieder auf die
vorgesehene Temperatur aufzuheizen.

Größere, leistungsstarke Geräte haben natürlich auch
größere Verluste, besonders, wenn sie nur in Spitzen-
zeiten voll ausgelastet sind, so ist dann von Fall zu Fall
auch hier ein Kompromiß erforderlich.

In Tabelle 10 sind die erforderlichen Wassermengen und
die Mischtemperaturen für eine Reihe von sanitären Ob-
jekten aufgeführt. Danach wird anhand des Beispiels in
Abbildung 68 die erforderliche Größe beziehungsweise
Leistung des Warmwasserbereiters bestimmt. In dem ge-
nannten Beispiel sind 40 Liter Kaltwasser von 10°C plus
30 Liter Warmwasser von 80°C = 70 Liter Mischwasser
von 40°C. Diese 70 Liter sind bei den angenommenen

52

Temperaturen dann zu der erforderlichen Wassermenge ins Verhältnis zu setzen. Das sind zum Beispiel bei einem Mischwasserbedarf von 160 Litern für ein Wannenbad 160:70 = 2,3. Daraus ergeben sich 30 × 2,3 = 69 Liter Warmwasser und 40 × 2,3 = 92 Liter Kaltwasser. Es wäre also ein Warmwasserbereiter mit einem Inhalt von mindestens 70 Litern bei 80°C erforderlich. Der anschließende Badbenutzer kann nach Ablauf der Wiederaufheizzeit wieder eine ausreichende Menge Warmwasser zapfen. Bei Anschluß mehrerer Verbraucher, die sich in einem Raum befinden, geht man davon aus, daß es ausreicht, wenn nur der größte Verbraucher (Badewanne) in die Berechnung eingeht. Andernfalls würden die Speicherkapazitäten unwirtschaftlich groß.

Es hat sich gezeigt, daß auch bei der zentralen Warmwasserversorgung in Einfamilienhäusern ein Speichervolumen von 100 bis 140 Litern ausreichend ist, sind zwei oder mehr Bäder angeschlossen, sollten 200 Liter Warmwasser verfügbar sein.

Für Mehrfamilienhäuser sind in Abhängigkeit der Wohnungsanzahl und damit der Personen unter Berücksichtigung einer normalen Lebenshaltung, einer mittleren Wohnungsgröße von 4 Zimmern und eines Gleichzeitigkeitsfaktors in Tabelle 11 die erforderlichen Warmwasserspeicher ablesbar. Wohlgemerkt, das sind die Speicherinhalte. Je nach Fabrikat, dabei kommt es auf die eingebaute Heizfläche an, können die Leistungen pro Stunde ein Vielfaches der Speicherinhalte ausmachen. Somit ist bei der Planung auch die Stundenleistung oder, reduziert, die Minutenleistung zu berücksichtigen.

Die Minuten- beziehungsweise Stundenleistung in bezug zu einer Warmwasserauslauftemperatur ist auch die Bestimmungsgröße beim Einbau von sogenannten Durchlauferhitzern. Diese Geräte sind Warmwasserbereiter, die das kalte Wasser im Moment der Warmwasseranforderung auf die eingestellte Temperatur erwärmen. Warmwasserspeicher dagegen erwärmen das Wasser frühzeitig und halten es auf Abruf bereit. Beide Systeme sind im Grundsatz gleichwertig. Bei den Durchlauferhitzern, und das ist verständlich, muß im Moment der Warmwasseranforderung auch die zur Erwärmung erforderliche Energie vorhanden sein. Das ist bei größeren Anlagen in der

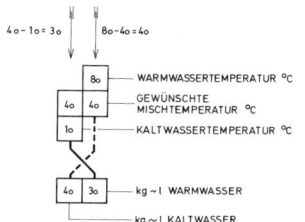

68 Ermittlung der Temperaturen bei Mischung von Warm- und Kaltwasser.

69 Gasdurchlauferhitzer mit Regelautomatik für die Wassertemperatur in Zuordnung zu einer Dusche.

Regel wirtschaftlich nicht möglich. Anders bei den Warmwasserspeichern, da erfolgt die Erwärmung über einen längeren Zeitraum, es ist pro Zeiteinheit also eine wesentlich geringere Energie erforderlich. Beim Anschluß an eine Zentralheizungsanlage wird bis auf einige wenige kalte Wintertage der Speicher meist so ganz nebenbei aufgeladen, da der Heizkessel eben selten ausgelastet ist.

Für kleine Anlagen trifft die Energiefrage ebenfalls zu. Der elektrische Durchlauferhitzer, ein Energiebündel auf kleinstem Raum, mit Leistungen von 12, 18 oder 24 kW. Leistungen, die vom E-Werk oft nicht genehmigt werden, da sie halt nicht zur Verfügung stehen. Beim Durchlauferhitzer hätte man Platz gespart, der Elektrospeicher mit gleicher Leistung dagegen nimmt mehr Platz ein, benötigt mit seinen 2, 4 oder 6 kW jedoch weniger Energie. Da er speichern kann, hat er länger Zeit. Die Leistung pro Zeiteinheit kann demnach geringer sein. Durchlauferhitzer und Speicher sind nach Vor- und Nachteil gegeneinander abzuwägen, dies besonders bei Einzelgeräten oder Kleinanlagen. Bei Großanlagen gibt es zum Speicher kaum eine Alternative. Wo Gas – besonders Erdgas – zur Verfügung steht, ist die Energiefrage schnell, einfach und sauber zu lösen (Abb. 69), ohne oder mit Kamin, egal. Außenwandgeräte sind ohne Standortfrage leicht in das Bad oder die Küche zu integrieren. Es sind sogar Geräte auf dem Markt (Abb. 69 + 70), die eine einstellbare Warmwassertemperatur haben, dies natürlich in Abhängigkeit der Zapfmenge:

Hohe Temperatur   – kleine Zapfmenge,
niedrige Temperatur – große Zapfmenge.

Sie können aber auch eine kleine Zapfmenge mit einer niedrigen Temperatur erhalten, umgekehrt natürlich nicht. So sind dann an diesem Beispiel auch die Vorteile einer Warmwasserbereitung mit Durchlauferhitzer erkennbar: Bei einer leistungsfähigen Anlage hört der Warmwasserstrom nie auf, und bei den zuvor besprochenen Gasdurchlauferhitzern scheiden Verbrühungen – besonders für Kinder sicherer – aus.

Es sollte noch erwähnt werden, daß das Warmwasser möglichst nicht über 60° C bei zentralen Warmwasserbe-

54

reitungsanlagen und nicht über 80° C bei dezentralen
Anlagen mit nachgeschalteten Kupferrohren erwärmt
werden sollte. Kalkausfällungen und die damit einher-
gehenden Korrosionen an Geräten und Rohren verbieten
dies. Besonders verzinkte Rohrleitungen sind bei Temperaturen von über 60° C sehr empfindlich.

Schwimmbadwassererwärmung

Grundsätzlich ist es gleich, ob das zu erwärmende Wasser einem Frei- oder Hallenbad entstammt. Unterschiedlich ist lediglich, und das aus verständlichen Gründen,
die Wärmemenge, die dafür erforderlich ist. Denn das
Freilandbecken kühlt natürlich an der zumeist kälteren
Umgebungstemperatur einschließlich Luft und Erdreich
gegenüber dem Hallenbecken stärker aus. Außerdem
wird neben der Wärmeabgabe an kältere Umgebungs-
materialien auch Wärme in Form der Verdampfungswärme an die umgebende Luft abgegeben. Jeder kennt
den Dampf, der aufsteigt, wenn warmes Wasser in einer
relativ kalten Umgebung steht. Zum Verdampfen benötigt
das Wasser Wärme, die es natürlich dem Becken entnimmt. Gerade die Verdampfungswärme ist es, die das

71 Schwimmbadabdeckungen
halten das Wasser warm und
verhindern die Wasserverdun-
stung. Das bringt größere Energieeinsparung.

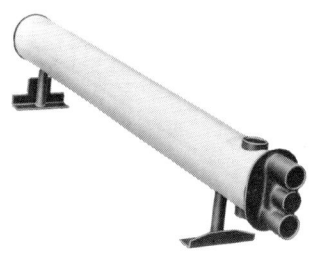

72 Wärmeaustauscher für Schwimmbadwasser.

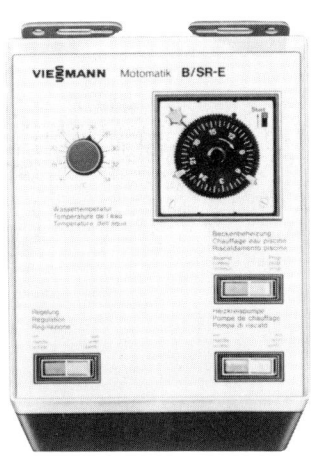

73 Regelgerät für die genaue Schwimmbadwassererwärmung.

Beheizen eines Beckens teuer macht. Findige Hersteller bieten deshalb Schwimmbadabdeckungen (Abb. 71), die teilweise gleichzeitig Unfallschutz sind, an. Abdeckungen für Hallenbäder müssen noch nicht einmal isolierend sein, eine dünne Plastikfolie ist durchaus ausreichend. Dies darum, weil die Raumtemperatur über der mittleren Wassertemperatur liegt, das Wasser gibt an die Luft kaum Wärme ab.

Die zum Warmhalten des Schwimmbadwassers erforderliche Wärmemenge kann natürlich bestimmt werden. Da dies aber von verschiedenen Faktoren abhängt, die nicht richtig in den Griff zu bekommen sind, wurden Erfahrungswerte ermittelt, nach denen allgemein die Wärmemenge ermittelt wird. Die Ermittlung erfolgt, ohne Rücksicht auf die Wassertemperatur, ausschließlich nach der Beckenoberfläche. In Tabelle 12 sind die einzelnen Werte zusammengestellt.

Nun fragen Sie natürlich und mit Recht, wie es mit der Erwärmung bei vollständiger Wassererneuerung aussieht. Das ist ganz einfach, und das sollte man in Kauf nehmen, es dauert einige Stunden, vielleicht Tage und Nächte. Denn, würde der Erwärmer nach der Erstaufheizung bestimmt, wäre er für den normalen Betrieb, der ja überwiegend gefahren wird, überdimensioniert. Dies bezieht sich nicht so sehr auf das eigentliche Heizaggregat als auf den Wärmeerzeuger, beispielsweise den Heizkessel.

In der Regel wird das Schwimmbadwasser in einem sogenannten Wärmeaustauscher (Abb. 72 + 73) erwärmt. Das Wasser wird mit einer Pumpe, meist ist das die Umwälzpumpe der Filteranlage, durch diesen Wärmeaustauscher gedrückt. In dem Gerät befinden sich Rohre oder ein Rohrbündel, die von dem Heizungswasser durchströmt werden. Durch die Rohrwandungen wird die Wärme von Heizungswasser an das Schwimmbadwasser abgegeben.

Auch elektrische Schwimmbadheizer sind im Handel, die teilweise wie Tauchsieder gehandhabt werden. In der Regel wird jedoch das Wärmetauscherprinzip auf Durchlauferhitzerbasis eingesetzt, weil die Energie aus Öl, Gas und Koks in Verbindung mit der oft sowieso vorhandenen Zentralheizung die optimale Lösung darstellt. Bei

56

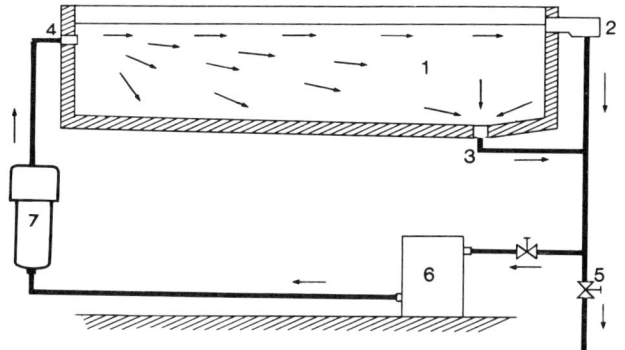

74 *Prinzipschaltbild eines Schwimmbades mit einem elektrischen Durchlauferhitzer und kompletter Temperaturregelung.*

1. Schwimmbecken
2. Oberflächenabsauger
3. Bodenablauf
4. Zulauf

5. Ablauf (zum Entleeren)
6. Filter einschließlich Pumpe
7. AEG-Durchlauferhitzer
   mit Temperaturregelung

Hallenbädern muß die Halle ja auch noch beheizt und die Luft entfeuchtet werden.

Das Durchlauferhitzersystem ist hier gut einsetzbar, da die Energie laufend und gleichmäßig benötigt wird. Der Erhitzer soll immer auf der Druckseite der Pumpe und hinter dem Filter, also zwischen Filter und Becken, eingebaut werden. Dies gilt für alle Systeme (Abb. 74).

Ausgewählt werden die Wärmeaustauscher über die ermittelten Werte in bezug auf die Wärmeleistung nach den Angaben der Hersteller. Oft, auf jeden Fall kann man es so haben, ist das Filteraggregat schon mit einer Heizung ausgestattet. Als Kompaktanlage sind dann wie in Abbildung 62 nur noch die Anschlüsse herzustellen.

Tabelle 10

Warmwasserbedarf mit den zugehörigen Temperaturen für
sanitäre Objekte in Wohnungen

Objekt	Liter	Mischtemperatur in ° C
Dusche	40 bis 50	40
Badewanne je nach Größe	100 bis 200	40
Handwaschbecken	5	30 bis 40
Waschtisch	10 bis 15	40
Spültisch	50 bis 70	50 bis 55
Bidet	20 bis 30	35 bis 40
Auslaufventil $1/_2''$	10 bis 20	40

Tabelle 11

Anzahl der Wohnungen	Anzahl der Personen	Erforderliche Warmwasser- menge von 60° C in Litern
1	3 bis 4	100 bis 140
2	6 bis 8	140 bis 200
3	9 bis 12	180 bis 260
4	12 bis 16	210 bis 310
5	15 bis 20	240 bis 360
6	18 bis 24	270 bis 400
7	21 bis 28	300 bis 450
8	24 bis 32	320 bis 480
9	27 bis 36	350 bis 500
10	30 bis 40	400 bis 560

Tabelle 12

Erforderliche Wärmemenge in kcal/h je m² Beckengröße zum
Warmhalten von Schwimmbadwasser:

Hallenbäder = 120
Freibäder
gut geschützte Lage = 350
weniger geschützte Lage = 550
nicht geschützte Lage = 850

Beispiel: Freibad, Beckengröße 8 m × 4 m = 32 m²
weniger geschützte Lage
Erforderliche Leistung des Erwärmers:
32 × 550 = 17 600 kcal/h

Duschbad

Duschen ist ein herrliches Vergnügen, am Morgen, nach der Arbeit oder dem Sport, vor und nach dem Schwimmen, eine ganze Reihe Möglichkeiten wäre noch aufzuführen. Mehr und mehr wird erkannt, daß das Duschen sehr gut geeignet ist, die tägliche Körperpflege optimal durchzuführen.

Zum Duschen gehört nun aber eine Dusche, und wenn sie Freude und Entspannung bringen soll, eine Dusche, die von der Funktion und vom Aussehen her möglichst vollkommen ist. Ob dies im Einzelfall möglich ist, soll dahingestellt bleiben, aber anzustreben ist das Ideal auf jeden Fall. Notfalls kann man unter der Gießkanne oder einem löcherigen Eimer ein Brausebad nehmen, vielleicht ist das auch Entspannung, aber die Regel ist doch anders.

Wie bereits festgestellt, ist das Duschen auch in Verbindung mit der Badewanne möglich. Dieser Fall ist jedoch dem nächsten Kapitel zugeordnet. So sollen hier nur die reinen Brause- oder Duschanlagen besprochen werden. Duschen können in Verbindung mit Badewannen, aber auch für sich eingebaut und betrieben werden. Als Zuordnung zur Badewanne, das ist in der Regel im Badezimmer, sollte sie dem Stil der Badewanne angepaßt sein. Im Schwimmbad, im Saunaraum, im Wochenendhaus, im Appartement, im Gästezimmer, im Hobbyraum und ähnlichen Zweckbestimmungen ist sie frei von jedem Zwang der Eingliederung.

Dusche im Schrank

Die Dusche im Schrank ist mehr ein Notbehelf als das, was man sich unter einer sinnvollen Dusche vorstellt. Dafür ist sie jedoch überall dort zu gebrauchen, wo es an Platz mangelt. In der Regel ist sie so ausgebildet, daß sie ein Teil des Küchenschrankes ist und bei Bedarf entsprechend aufgeklappt wird. Und dieses Aufklappen ist es, daß diese Dusche in der Bedienung sowie in der Benutzung so umständlich macht. Wenn andere Familienmitglieder vielleicht schon beim Frühstück sitzen, ist es kaum möglich, daß im gleichen Raum noch jemand duscht.

Zur komplett ausgestatteten Dusche gehören ein elektrischer Warmwasserbereiter, Armaturen mit Brauseschlauch und Brause sowie ein Wasserabfluß, eventuell mit Pumpe, und der Duschvorhang. Die Dusche kann überall dort aufgestellt werden, wo ein Wasseranschluß, eine ausreichend abgesicherte Steckdose und ein Ablauf vorhanden sind (der Ablauf als Bodeneinlauf oder Ausguß, Waschbecken oder Klosett). Den Höhenunterschied bis zum Beispiel in den Ausguß überwindet die bereits angesprochene Abwasserpumpe.

Die Dusche im Schrank kann also nur als Not- oder Übergangslösung gelten. Besonders der Versandhandel bietet solche Duschen an, die leicht und ohne große Kenntnisse vom Käufer eingebaut beziehungsweise aufgestellt werden können. Und da sie nicht fest mit dem Gebäude verbunden ist, kann man diese Dusche wie eine Waschmaschine zum Beispiel beim Um- oder Auszug mitnehmen.

Duschkabine

Unter der Bezeichnung Duschkabine, nicht zu verwechseln mit der Dusche im Schrank, werden teils funktionsfähige Duschelemente (Abb. 75), teils Einbauelemente (Abb. 76), bei denen der Do-it-yourselfer die Armaturen selbst beistellt, angeboten. Letztere sind hauptsächlich als Fortführung einer kompakten Baderaumgestaltung anzusehen, in der Waschbecken und Duschkabine in eine als Schrankwand zu bezeichnende Möblierung integriert sind.

Die Duschkabine in Abbildung 75 ist jedoch eine fertige Einheit, in der alle benötigten Elemente eingebaut sind. Es drängt sich wieder der Vergleich mit der Dusche im Schrank auf, nur daß eben diese Dusche weder eingeklappt, noch sonst wie versteckt angeordnet wird. Im

75 Eine komplette Dusche, die mit der Post kommt, einschließlich Warmwasserbereiter, Abwasserpumpe und anderem Zubehör. Bestellen, aufstellen, duschen.

60

76 *Einbaudusche als Teil einer Schrank-Waschtisch-Kombination.*

Wochenendhaus, im Hobbyraum, im Schwimmbad, in der Sauna, einfach so im Keller oder auch als Übergangs- beziehungsweise Endlösung in der Wohnung ist diese Duschkabine einsetzbar. Es sind eingebaut die Warmwasserbereitung, die Brause mit Schlauch, die Brausetasse und die Abwasseranlage mit Pumpe. Meist ist, wie die Bezeichnung Kabine schon ausdrückt, die Eingangsseite mit einer festen Klapp- oder Schiebetür versehen, die das Wasser zurückhält. Im Normalfall braucht also der Aufstellraum weder gefliest noch wasserdicht hergestellt zu sein.

Brausewanne

Unter dem Begriff Brause- oder Duschwanne sollen hier die Brauseeinrichtungen besprochen werden, die aus Einzelteilen, je nach Wunsch, Erfordernis und Möglichkeit geplant und erstellt werden. Dazu sei noch erwähnt, daß in der Nähe von Duschen Bodeneinläufe installiert werden sollen bzw. müssen. Diese Forderung ergibt sich teilweise aus den Bauordnungen der Länder oder aus

61

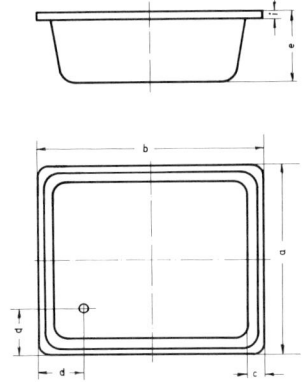

77 Duschwanne, Abmessungen in
Tabelle 13.

der DIN 1986, wenn letztere in der Genehmigung zur Vorschrift erhoben wurde.

Der Bodeneinlauf kann logischerweise entfallen, wenn der obere Rand der Brausetasse mit der Oberkante des Fußbodens abschließt, was aber bauliche Maßnahmen erfordert, oder wenn einfach ein Teil des Fußbodens einschließlich Plattenbelag so ausgebildet ist, daß er das Wasser aufnimmt und dem Ablauf zuleitet. So sind der Duschabfluß und der Bodeneinlauf eins.

Der Normalfall ist jedoch eine Brausetasse, die auf dem Fußboden steht. Diese Brausetassen können aus verschiedenen Materialien hergestellt sein. In der Hauptsache werden wohl Wannen aus Stahl mit einer Materialstärke von 3,5 mm, einer Tiefe von 150 mm und weiß emailliert angeboten, gekauft und eingebaut. In Tabelle 13 sind nach Abbildung 77 die lieferbaren Brausewannenabmessungen der Fa. Bamberger, Friedensdorf, angegeben. Die Wannen sind nicht nur weiß emailliert, sondern auch in allen anderen Sanitärfarben erhältlich.

In der Regel muß die Brausewanne vor Beginn der Fliesenarbeiten, wenn nicht ein Poresta-Wannenträger benutzt wird, eingebaut werden. Die Art und Wirkungsweise des Poresta-Wannenträgers ist im Kapitel »Badewannen« ausführlicher beschrieben. Sonst werden die Wannen auf Füße gestellt und mit dem Abfluß über einen Geruchverschluß verbunden. Wird ein Bodeneinlauf montiert, kann auch der Ablauf der Brausewanne über diesen Boden-

Tabelle 13

Brausewannenabmessungen
Materialstärke 3,5 mm, Stahlblech

Form	Breite a mm	Länge b mm	Wulst c mm	Abstand d mm	Tiefe e mm	Wulsthöhe i mm
flach	800	800	65	185	150	33
tief	800	800	65	185	280	33
flach	900	900	65	185	150	33
tief	900	900	65	185	280	33
flach	750	800	65	185	150	33
tief	750	800	65	185	280	33
flach	750	900	65	185	150	33
tief	750	900	65	185	280	33

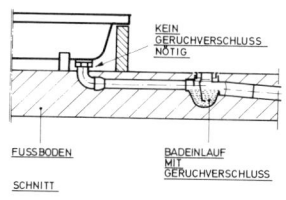 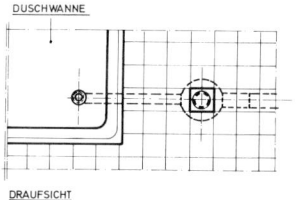 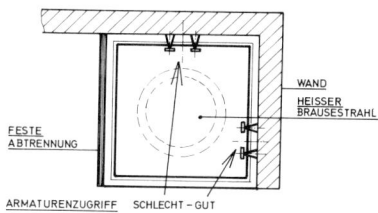

KEIN GERUCHVERSCHLUSS NÖTIG

DUSCHWANNE

WAND
HEISSER BRAUSESTRAHL

FUSSBODEN

BADEINLAUF MIT GERUCHVERSCHLUSS

SCHNITT

FESTE ABTRENNUNG

DRAUFSICHT

ARMATURENZUGRIFF   SCHLECHT – GUT

78 Entwässerung von Dusche oder Badewanne
über einen Badeinlauf.

ZUGANG ZUR DUSCHE

79 Duschenarmaturen gehören
links oder rechts seitlich an die
Wand.

einlauf (Abb. 78) geführt werden, dessen Geruchverschluß dann auch für die Wanne wirksam ist. Unter der
Wanne sind dann keine Wartungsarbeiten erforderlich,
so kann der Revisionsrahmen entfallen.
Grundsätzlich sollte in diesem Zusammenhang einmal
der Geruchverschluß oder Siphon kurz besprochen werden. Der Geruchverschluß stellt praktisch eine Absper-
rung des Abflusses dar, um Gerüche, die ja im Abflußrohr und Kanal entstehen, nicht austreten zu lassen. Der
Abschluß besteht aus Wasser, das in einem U-förmigen
Rohr verbleibt. Bei ungenügender Belüftung des senk-
rechten Abwasserfallstranges, der normal über Dach geführt werden sollte, kann ein Geruchverschluß – durch
Unterdruck im Rohr – entleert werden. Auch kann, und
das ist verständlich, nach längerer Nichtbenutzung (während des Urlaubs) eines Sanitärobjektes oder eines Ein-
laufes das Wasser des Geruchverschlusses verdunsten
und so den Weg für die Gerüche freigeben. Vielleicht
kann ein Nachbar jede Woche einmal alle Objekte bedienen und dadurch das Wasser wieder auffüllen.
In der Regel wird auch der Bodeneinlauf des Brause-
bades nicht täglich mit Wasser beaufschlagt, so kann
auch hier das Wasser verdunsten, es sei denn, die
Brausewanne wird, wie vorgeschlagen, über diesen Einlauf entwässert.
Zurück zur Duschwanne, die, anstelle von Fliesen, seitlich mit sogenannten Schürzen aus emailliertem Stahl-

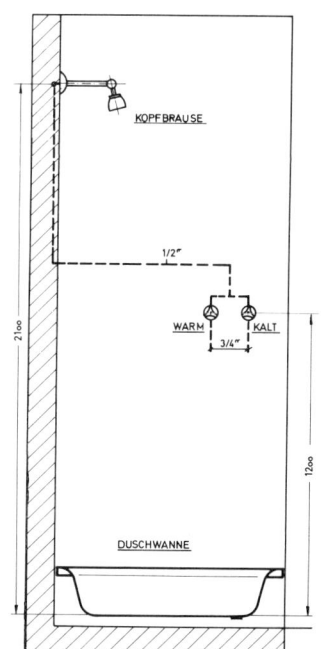

KOPFBRAUSE

1/2″

WARM   KALT
3/4″

DUSCHWANNE

80 Normaldusche mit
Kopfbrause.

63

STRAHLBRAUSE   NORMALBRAUSE

82 Eine Duschabtrennung gehört
unbedingt dazu, hier in Form eines
Vorhangs, . . .

83 . . . der in einer besonders
konstruierten Schiene läuft.

blech versehen werden kann. So ist auch hier dem Heimwerker eine Besonderheit zur Hand gegeben, um auf einfachste Weise ein Duschbad zu gestalten. Der Ablauf der
Wanne sollte natürlich so angeordnet werden, daß er
leicht zu erreichen ist, das wird in den meisten Fällen
vorn sein.
Alleine mit der Brausewanne ist natürlich noch kein
Duschbad zu nehmen, warmes und kaltes Wasser müssen über Ventile einem Brausekopf zugeleitet werden,
der das Mischwasser dann als Brausestrahl über den
Duschenden austreten läßt. Jeder hat sicher schon einmal erlebt, nachdem er das warme Wasser (das oft ziemlich heißt ist) aufgedreht hatte, daß dann, ohne durch
den heißen Wasserstrahl zu fassen, die entsprechenden
Ventile an der Rückwand nicht mehr bedient werden
konnten (Abb.79). Aus diesen Erfahrungen ergibt sich
die Forderung, daß sich die zu bedienenden Regel- und
Absperrventile immer, vom Zugang aus gesehen, links
oder rechts befinden sollen.
Die Normaldusche (Abb.80) ist mit einer Kopfbrause
(Kopfbrause, weil sie über oder neben dem Kopf des
Duschenden angeordnet ist) ausgestattet, die jedoch
nicht in der Mitte über dem Becken sitzen sollte, sondern
seitlich an der Wand, um in Fällen, bei denen die Haare
nicht naß werden sollen, dies auch nicht geschieht. Der
eigentliche Brausekopf sollte verstellbar sein (Abb.81),
damit auch ein massierendes Duschen möglich ist.

64

Die Einrichtung der Brauseanlage ist auf zwei Arten möglich: Das Wasser kann von der Mischbatterie über einen Brauseschlauch zum Brausekopf geleitet werden; die andere Möglichkeit ist, das Wasser über Rohre unter oder über dem Fliesenbelag zum Brausekopf zu bringen.

Um Verbrühungen zu vermeiden, sollten Duschen mit den sogenannten Thermostat-Mischbatterien ausgestattet werden, das sind Batterien, die die eingestellte Mischtemperatur selbsttätig halten.

Eine Seifenschale und erforderlichenfalls ein Haltegriff vervollständigen die Brauseeinrichtung.

Der richtige Nutzeffekt wird aber erst durch eine Duschabtrennung erzielt, sei es durch einen Vorhang (Abb. 82 + 83) oder eine Acrylglasabtrennung (Abb. 84).

84 Duschabtrennung aus Acrylglas mit Schiebetür.

85 Verschiedene Profile und Formstücke lassen beim Bau von Duschabtrennungen viele Möglichkeiten zu.

85a Säulenwaschtische setzen dem eleganten Duschbad die Krone auf.

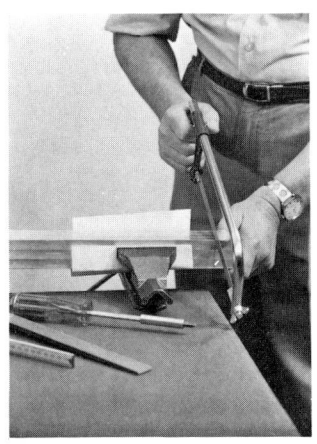

86 Ein Profilstab wird gekürzt.

87 Der seitliche Abschluß ist zu montieren.

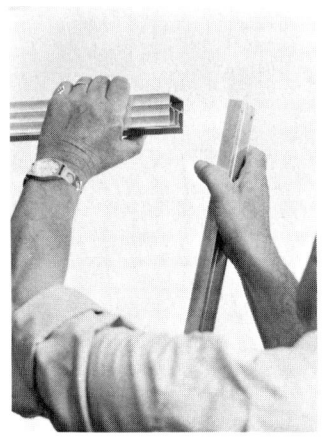

88 Senkrechter Stab und waagerechter Verbinder sind anzupassen...

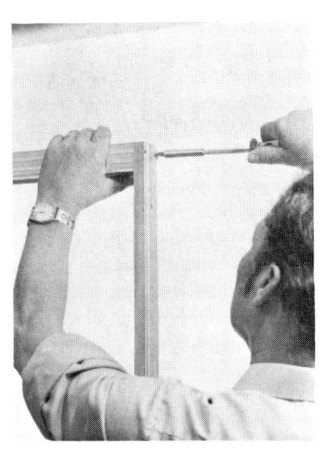

89 ...und zu verschrauben.

90 Türteil einhängen...

91 ...und die Fugen schließen. Fertig!

Die Abtrennungen dürfen auf keinen Fall bis an die Decke reichen, es sollen oben mindestens noch 500 mm offen sein, um die Dämpfe ungehindert abziehen zu lassen. Vorhänge würden sich außerdem, da in der Kabine ein kleiner Unterdruck durch die abkühlenden Dämpfe entsteht, in die Dusche ziehen. Sie flattern und haften dann immer so unangenehm an den Beinen des Duschenden.

Feste Duschabtrennungen gibt es in Standardgrößen vom Lager. Sonderabmessungen und -formen werden von verschiedenen Herstellern nach Maß angefertigt. Der Einbau ist verhältnismäßig einfach, verschiedene Profile und Stäbe ermöglichen eine schnelle Montage. Schräge Wände und Stützen können ausgeglichen werden (Abb. 85 bis 91).

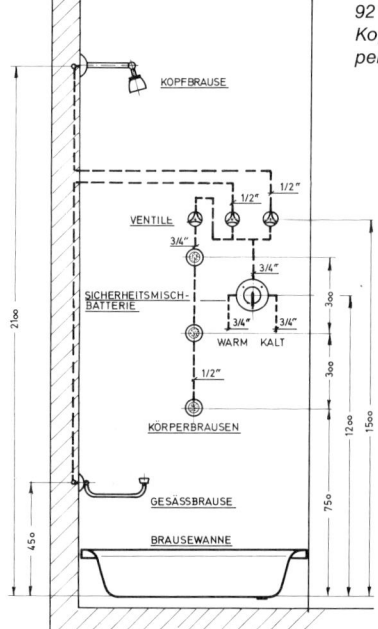

92 *Einbaumaße Superdusche mit Kopfbrause, Gesäßbrause und Körperbrausen.*

Wasser nicht nur von oben

Bei der Normaldusche kommt das Wasser aus einer Kopfbrause, die irgendwo oben angebracht ist. Dazu können je nach Wunsch weitere Brausen angeordnet werden (Abb. 92). Bei geringem Wasserdruck sprühen zwar nicht alle gleichzeitig, aber nacheinander geht es. Körperbrausen, die links und (oder) rechts angeordnet sind, lassen dann den »Autowascheffekt« zu. Der Vergleich ist, wenn man schon mal in einer Autowaschstraße seinen Pkw hat waschen lassen, gar nicht so weit hergeholt. Eine Gesäßbrause, die mit der Unterbrause des Bidets vergleichbar ist, darf, wenn schon Wert auf mehrere Brausen gelegt wird, auch nicht fehlen.

Die einzelnen Brausegruppen werden durch Unterputzventile abgesperrt, auf den Einbau eines Thermostat-Sicherheitsmischventils sollte hier auf keinen Fall verzichtet werden.

92a   *So entspannt das Baden.*

68

Das Wannenbad

Die Badewanne hat dem Badezimmer seinen Namen gegeben und steht zweifellos im Mittelpunkt des Bades,
obwohl ihre Bedeutung, nimmt man einmal den Wochen-
verlauf, nicht sehr groß ist. Waschtisch, Klosett und
Dusche werden weit häufiger, dafür in der Regel jedoch
kurzfristiger, benutzt als die Badewanne. Aber ohne ent-
spannendes Baden in der Wanne ist eine ausreichende
Körperpflege nicht denkbar.
Aus diesem Grunde können auch nur die große Normalwanne oder gleichwertige Wannen im gut ausgestatteten
Bad grundsätzlich diese Ansprüche voll befriedigen. So
sind alle anderen Wannenausführungen nur als Not-
oder Übergangslösungen zu behandeln, obwohl die Sitz-
und auch die Mehrzweckwanne fest eingebaut sind und
als akzeptable Lösung gelten.

Die Wanne in der Truhe

Wie die »Dusche im Schrank« eine wenig befriedigende
Lösung darstellt, so ist auch die »Wanne in der Truhe«
ein absoluter Notbehelf. Zumeist soll auch diese Wanne,
die in der Küche zum Beispiel als Sitzbank verkleidet untergebracht ist, das fehlende Badezimmer ersetzen.
Wannentruhen sind funktionsfähig ausgebaut und erfordern lediglich Wasser-, Abwasser- und Elektroanschlüsse
in der Nähe. Es wird verfahren wie bei der Dusche im
Schrank.

Sitzwanne

Die Sitzwanne (Abb.93), auch Stufenwanne genannt, ist
besonders für solche Personen gedacht, die körperliche
Schwierigkeiten haben, wenn sie ausgestreckt in der
Wanne liegen. Die Stufenwanne kommt Behinderungen

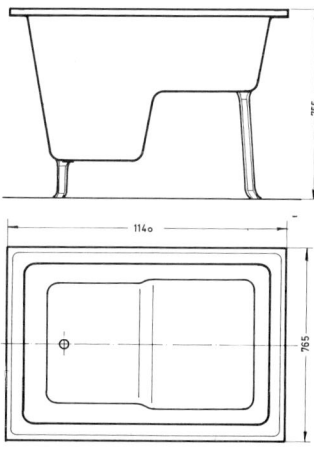

93 Die Sitzwanne paßt auch in
kleine Bäder und wird von älteren
Menschen gerne benutzt.

94 Die ausgediente, freistehende Badewanne ist nur noch als Viehtränke auf der Weide wertvoll.

95 Ein vergnüglicher Badespaß für die ganze Familie, die große ...

96 ... runde Wanne.

dieser Art entgegen. Ihr Nachteil ist jedoch die Höhe, die oft nicht überwunden werden kann. Dafür müßte jeweils eine besondere Vorrichtung geschaffen werden.

Im allgemeinen sind bis auf die Poresta-Träger alle Möglichkeiten, wie sie für die Normalwanne durchführbar sind, auch auf die Sitzwanne zu beziehen. Für den Heimwerker wird es schwierig sein, diesen Wannentyp, der in Baumärkten meist nicht geführt wird, zu bekommen. Der Sanitärgroßhandel kann aber sicher helfen.

Normalwanne

Der Mittelpunkt des Bades ist die normale Badewanne, egal in welcher Form und aus welchem Material. Lediglich die in Abbildung 94 gezeigte freistehende Wanne ist nicht mehr gefragt und eigentlich nur noch als Viehtränke zu gebrauchen. Mehr und mehr verschwinden diese Wannen aus den Bädern älterer Gebäude und werden durch moderne Einbauwannen ersetzt. Das Zauberwort heißt dann auch Einbauwanne. Sie soll im Mittelpunkt dieser Betrachtungen stehen.

Zuvor noch eine Bemerkung zu den sogenannten Cabinet-Wannen, die aus Gußeisen bestehen, emailliert natürlich, und eine angegossene Schürze haben. Diese Schürze kann je nach Wunsch und Aufstellungsort nur vorn sein: vorn und links, vorn und rechts oder vorn, links und rechts.

Ein origineller, vielleicht der zukünftige Badespaß wird von der Fa. ACO, Andernach, mit der – wie war das doch so schön – glasfaserverstärkten Polyester-Badewanne mit acryl-modifizierter Oberfläche (Abb. 95 + 96) angekündigt. Eine große runde Wanne für die ganze Familie und bestimmt nicht nur für Snobs. Die Wanne geht durch jede Tür und läßt sich auch nachträglich einbauen. Für große Räume in Altbauten geradezu wie geschaffen.

Wie bei der Brausewanne können auch die Badewannen – jetzt sind wir bei den Einbauwannen – aus verschiedenen Materialien gefertigt sein. Neben der Stahlwanne haben sich Kunststoffwannen und solche aus Gußeisen bereits seit Jahren bewährt. Die heute gefertigten Formen gelten in bezug auf die relativ geringe Wassermenge, damit auf die Wasser- und Energieersparnis und auf die Ellbogenfreiheit sowie Rückenauflage und Sitzflächen als optimal. Sicher wird es im geringen Umfang immer wieder Formveränderungen geben, aber grundsätzlich anderes wird sich kaum ereignen.

Bei der Auswahl von Badewannen ist besonders an die Körpergröße der heutigen Generation mit ihren Gardemaßen zu denken. Die Entspannung ist nicht gut, wenn entweder die Knie oder die Füße aus dem Wasser schauen und wechselseitig eingeweicht werden müssen. Wenn also der Platz ausreicht, sollte eine möglichst große Wanne gewählt werden.

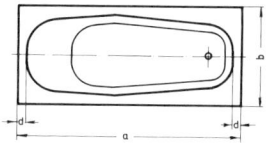

97   Wannenmaße nach Tabelle 14.

Jahrelang hatte die Standardwanne die Abmessungen 1700 × 750 mm, wobei die 1700 mm die gesamte Länge der Wanne angaben. Das Innenmaß ist dann noch um etwa 140 mm kürzer. So geht der Trend zur Wanne 1800 mm × 800 mm. Das Maß 800 mm ist auf die Brausewanne 800 × 800 mm abgestimmt, damit bei der Kombination nicht immer die Ecken überstehen.

In der Tabelle 14 sind nach Abbildung 97 einige Badewannen der Fa. Bamberger, Friedensdorf, aufgeführt; es ist ersichtlich, daß die Industrie für alle Erfordernisse die passenden Wannen produziert.

Die Anschlüsse und Leitungen für Wasser- und Abwasser werden wie üblich vor der Wannenmontage und vor den Fliesenarbeiten verlegt. Vor den Fliesenarbeiten muß außerdem die Wanne montiert werden, wenn diese in der üblichen Weise auf Füße gestellt und danach eingefliest werden soll.

Nach der Wannenmontage ist noch eine Reihe von Arbeiten im Bad auszuführen. Dabei kann es vorkommen, daß die Wanne beschädigt wird, was man aber erst entdeckt, wenn man sie benutzt. Dann ist Rat im wahrsten Sinne des Wortes teuer, denn das Ausbauen der Wanne ist eine aufwendige Sache. So haben dann findige Leute nach Möglichkeiten gesucht, auch die Wanne erst nach Abschluß aller Arbeiten einzubauen.

Zunächst ist da die Möglichkeit, die freien Seiten der Wanne mit emaillierten Verkleidungen zu schließen. Die Elemente werden für die einzelnen Wannentypen vom Hersteller gefertigt und geliefert. Die Montage ist kinderleicht. Es gibt sogar Ausführungen mit einem eingebau-

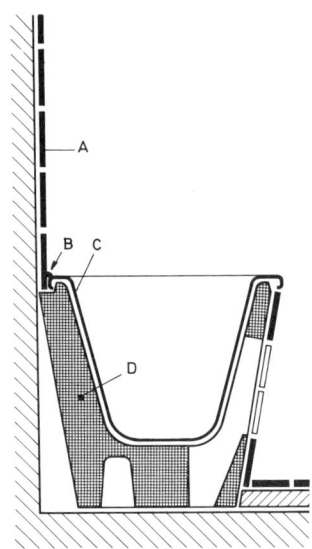

98 Wannenaufstellung mit Poresta-Wannenträger. A = Fliesenbelag, B = elastische Fuge, C =
Wanne, D = Poresta-Träger.

ten Heizkörper, der erstens den Raum heizt und zweitens
das Wasser in der Wanne nicht so schnell auskühlen
läßt. Zwischen Wannenrand und Wandfliesen wird ein
dauerelastischer Kitt gedrückt. Je genauer die Rohbau-
abmaße sind, desto besser paßt die Wanne.
Bei der zweiten Möglichkeit, die Wanne später zu montieren, wird ein sogenannter Wannenträger aus Poresta,
hergestellt von den Correkta-Werken, Bad Wildungen,
benutzt (Abb. 98). Dieser Träger wird etwa so eingebaut,
als sei er die Wanne, nach Anleitung werden Fliesen
aufgebracht. Die Wanne wird später in diesen Träger eingelegt und mit dem Abfluß verbunden. Die Fugen sind
auch hier mit einem dauerelastischen Kitt zu verschließen.

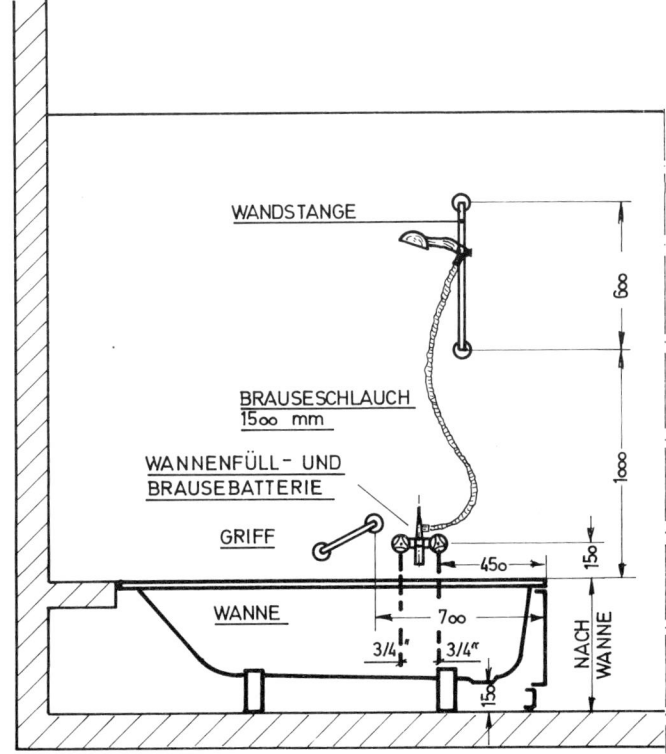

99 Wanneneinbaumaße mit
Dusche.

Diese Möglichkeiten bieten sich auch für Brausewannen an. Es sollte noch erwähnt werden, daß Wannenträger nur für bestimmte Wannenmodelle lieferbar sind. Eine Wannenfüll- und Brausebatterie gehört in jedem Fall zur Wannenausstattung. Die Schlauchbrause soll auch bei Vorhandensein einer Dusche nicht entfallen (eine Wandstange ist nicht unbedingt erforderlich), denn zumindest zum Abbrausen des Körpers und zum Reinigen der Wanne tut sie gute Dienste.

Ist keine Dusche vorhanden, ist der Einbau einer Brause über der Wanne zu empfehlen. Entweder als Schlauchbrause mit Wandstange und Umstellhebel auf der Batterie oder als fest eingebaute Brause oberhalb des Fußendes der Wanne (Abb. 99 + 100).

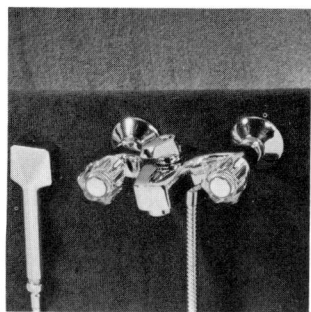

100 Wannenfüll- und Brausebatterie $^1/_2$" mit Metallbrauseschlauch.

Wie bei der Brausewanne ist eine Reihe Trennwände (Abb. 101) und Vorhänge im Handel, die beim Duschen vor Spritzwasser schützen.

Seifenschale, Handgriff und Badetuchstange vervollständigen die Ausstattung der Badewanne.

Tabelle 14

Wannenabmessungen

Materialstärke 3,5 mm, Stahlblech

Benennung	Länge a mm	Breite b mm	Höhe e mm	Wulst d mm
Goldsiegel	1400	710	540	65
	1530	710	540	65
	1600	710	540	65
	1700	710	540	65
Juwel	1700	750	570	65
Diamant	1700	800	570	65
Brillant	1800	800	560	75

101 Klappbare Duschabtrennungen für die Badewanne.

Das Schwimmbad

Wer sich mit dem Gedanken trägt, ein Schwimmbad zu bauen, sieht sich zunächst einem überreichen Angebot an Becken und Zubehör sowie vielen Meinungen gegenüber, die ihm den Entschluß erschweren. Die Beckengröße, die an anderer Stelle schon besprochen wurde, hängt im Einzelfall vom vorhandenen Platz ab. Es wäre müßig, hier noch weiteres darüber auszuführen. Wichtig ist jedoch, nach der grundsätzlichen Ausführung zu fragen und sich in dieser Richtung eine eigene Meinung zu bilden. Darum soll hier nicht etwa ein bestimmter Typ vorgestellt, sondern vielmehr ein Überblick über häusliche Schwimmbäder gegeben werden. Es wurden dabei natürlich nur solche erfaßt, die man tatsächlich als Schwimmbad bezeichnen kann. Ausgehobene Gruben mit Plastikfolieneinlage oder Planschbecken sind nicht das, was zur Planung ansteht, da es hier ja hauptsächlich um die Technik geht.

Oberirdisches Schwimmbecken als Freibad

Die oberirdischen Schwimmbecken in runder, ovaler oder länglicher Form sind in der Regel preiswert und überall dort aufstellbar, wo ein fester, ebener Untergrund in passender Größe zur Verfügung steht. Sie sind zumeist aus gewelltem Stahlblech mit einer entsprechenden Kunststoffolie hergestellt und dürfen den Winter über abgebaut und »eingemottet« werden oder aber auch stehenbleiben. Die Becken können ruhig einfrieren, sie sind winterfest.
Zu diesem Schwimmbeckentyp gibt es eine sogenannte Schwimmhaube aus dünnem Plastikmaterial, die das Becken vor Schmutz und den Schwimmer gegen Witterungseinflüsse schützt.

Oberirdische Becken kann der Heimwerker wohl kaufen und aufstellen, jedoch selber nicht preiswerter als angeboten bauen.

Unterirdisches Becken als Freibad

Unterirdische Becken aus Metall, Beton oder Kunststoff sind als Freibäder gegenüber den oberirdischen Becken vorteilhafter und, wenn möglich, diesen vorzuziehen. Bei Vergleichen bezüglich der Preise gewinnt natürlich – bei gleicher Ausstattung – das oberirdische Becken. Das unterirdische Becken kann jedoch vom Heimwerker selbst hergestellt werden. Dies geschieht wohl in den meisten Fällen aus Beton, der später mit einer Folie überzogen, gestrichen oder mit Platten belegt wird.

Es ist ratsam, das Becken hinsichtlich der Statik von einem Architekten oder Statiker auslegen zu lassen. Viele im Do-it-yourself-Verfahren hergestellte Betonbecken sind undicht geworden und haben den Heimwerkern außer Kosten nicht viel gebracht.

Das unterirdische Freibecken, das ja nach Fertigstellung in seiner Lage nicht mehr verändert werden kann, muß also besonders gründlich geplant werden. Diese Planung bezieht sich in der Hauptsache auf die Plazierung auf dem Grundstück. Himmelsrichtung, Windrichtung und Sichtschutz sind die drei Faktoren, denen das Hauptaugenmerk zufallen sollte. Für die Himmelsrichtung wäre eine freie Einstrahlmöglichkeit der Sonne von Ost über Süd nach West am besten, was jedoch nicht immer durchführbar ist. Reine Süd- und Westlagen sind außerdem denkbar.

Der Wind und die Windrichtung beeinflussen den Bade- und Schwimmbetrieb wesentlich. Den im Sommer vorherrschenden Nord-West- und Westwinden (Südwinde sind angenehm warm) sollte der unmittelbare Weg zum Schwimmbecken versperrt sein, weil sie neben Kälte auch Staub und Schmutz mitbringen. Dieser vorherrschenden Winde wegen sollte auch der Oberflächenabsauger (Skimmer) eines Freibeckens im Osten oder Südosten (Abb. 102) liegen (danach richtet sich dann auch die Lage des Beckens), damit der Wind den auf dem

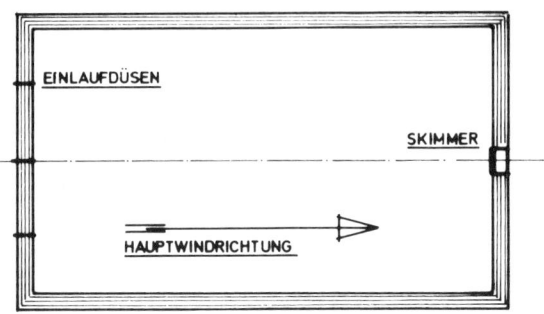

102 Die Hauptwindrichtung einer Gegend beeinflußt die Lage des Freischwimmbades.

Wasser befindlichen Schmutz in Richtung Skimmer treibt. So wird der Wind zum Säubern der Wasseroberfläche benutzt.

Die Forderung nach einem Sichtschutz ist eindeutig, denn wer möchte sich schon während des Badens stets von Neugierigen beobachten lassen (Abb. 103)?

Eine weitere Forderung besteht hinsichtlich der Sicherheit. Besonders dort, wo Kinder sind, ist das unterirdische Freilandbecken zu sichern. Ein Zaun wäre denkbar, aus optischen Gründen aber nicht sehr vorteilhaft. Rollabdeckungen wie in Abbildung 103 dienen nicht nur der Sicherheit, sondern schützen auch vor Schmutz, Blättern und Kleingetier.

Da, wie bereits erwähnt, das normale Schwimmbad wenigstens eine Filteranlage haben sollte, muß ein Raum zum Aufstellen dieses Gerätes vorgesehen werden. Es wäre denkbar, einen entsprechenden Raum in Verlängerung des Beckens anzuordnen oder das Schwimmbad so zu legen, daß die Geräte im Haus aufgestellt werden können. Im Haus sind Filter und Zubehör besser zu warten und erforderlichenfalls zu reparieren, außerdem sind sie nicht so sehr der Feuchtigkeit und dem Moder ausgesetzt.

Wie für die oberirdischen Becken sind auch Plastiküberdachungen für unterirdische Becken auf dem Markt. Heizgeräte blasen diese Hüllen auf und temperieren die Luft, die Badesaison wird dadurch um einige Wochen im Jahr verlängert. Es ist aber verständlich, daß so eine Hülle ein Hallenbad nicht ersetzen kann (Abb. 104).

103 Gut gelöst: die hohe Hecke als Sichtschutz zur Straße und eine Abdeckung als Energiesparer und Schutz gegen Unfälle.

76

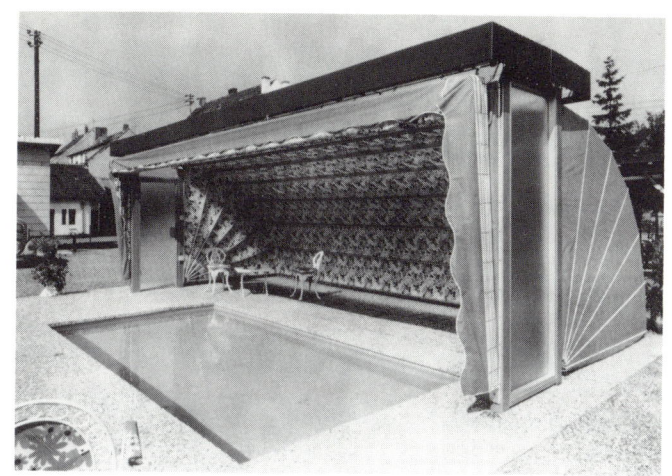

104 Im Handumdrehen entsteht aus einem Freibad in etwa ein Hallenbad.

105 Freischwebende, durch erwärmte Luft aufgeblasene Schwimmbadüberdachung, die die Badesaison erheblich verlängert.

Freibäder mit einer leistungsstarken Wasserbeheizung verlängern die privaten Badefreuden erheblich. Die Befürworter des Hallenbades argumentieren, daß das Hallenbad zwölf Monate im Jahr nutzbar ist, das Freibad mit Heizung allenfalls sechs Monate. Abgesehen von dem menschlichen Verlangen nach Erfrischung im Sommer, man weiß, daß die Badelust im Winter stark zurückgeht, hat aber auch das Freibad seine Berechtigung. Frische Luft, baden bei Regen, Freiheit für Kinder oder für das Kind im Manne sind Argumente, denen man sich nicht so ohne weiteres entziehen kann. Die gründlichste Überlegung, ob Freibad oder Hallenbad, sollte man den Kostenfaktoren Herstellung und Unterhalt widmen. Man kann davon ausgehen, daß man für ein Freibad mit etwa der Hälfte der Kosten auskommt, die für den Bau eines Hallenbades verfügbar sein müßten (Abb. 105).

Hallenbad

Rein technisch ist das Hallenbad, abgesehen von der Raumbeheizung, dem Freibad gleichzusetzen. Wie schon gesagt, erfordert es höhere Kosten. Diese Mehrkosten entstehen in der Hauptsache aus dem Aufwand für die Halle mit der erforderlichen Wärmedämmung und der Feuchtigkeitssperre. Beheizung und Entfeuchtung sind weitere Faktoren, die als Bau- und Unterhaltskosten ins Geld gehen.
Das Becken selbst kann in herkömmlicher Weise aus Beton oder aber auch aus Metall und Kunststoff (Abb. 106 +

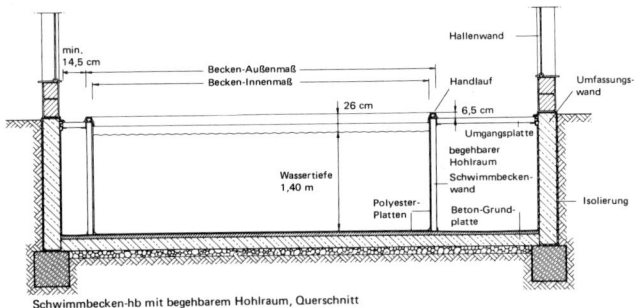

106 Schwimmbecken aus Metall und Kunststoff können in vielen Räumen nachträglich eingebaut werden.

78

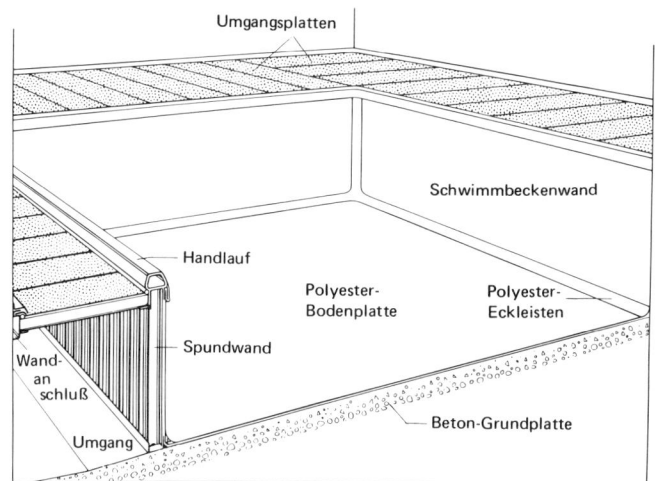

Umgangsplatten

Schwimmbeckenwand

Handlauf

Polyester-
Bodenplatte

Polyester-
Eckleisten

Spundwand

Wand-
an
schluß

Beton-Grundplatte

Umgang

107 Auch der Umgang wird mit-
geliefert. Der Hohlraum darunter
nimmt die Technik auf.

107) hergestellt werden. Auch die Halle darüber (Abb. 108) kann gemauert oder betoniert sein, es kommt auf die richtige Konstruktion an, ob die Schwimmhalle später allen Ansprüchen genügt. Besonders die Wärmedämmungs- und die Feuchtigkeitsisolierungen sind gekonnt und fachmännisch auszuführen, um nicht böse Überraschungen zu erleben. Wer es eilig hat, läßt sich eine

108 Eine Schwimmhalle aus herkömmlichen Baustoffen: Holz, Beton, Steine, Platten und Glas.

109 Eine Fertigschwimmhalle im Rastersystem aus Metall, Kunststoff und Glas, komplett mit Lüftung und allen Einbauten!

79

Fertigschwimmhalle, wie in den Abbildungen 109 + 110 gezeigt, aufstellen.

110 Die Fertighalle von innen.

111 Die integrierte Technik des Trimm-Dich-Beckens: Skimmer, Filter und Gegenschwimmanlage.

Schwimmbad im Keller

Das Schwimmbad im Keller oder in einem anderen geeigneten Raum des Hauses entspricht ja in etwa dem Hallenbad. Dies besonders dann, wenn das Haus neu gebaut wird und das Becken von Anfang an vorgesehen ist. So sollte hier kurz der nachträgliche Einbau besprochen werden.
Oberirdische Becken sind natürlich auch zur Aufstellung in einem Raum geeignet. Der runden Form wegen ist in vielen Räumen jedoch nur ein relativ kleines Becken unterzubringen. Sogenannte Trimm-Dich-Becken mit oder ohne integrierter Technik und Gegenschwimmanlage (Abb. 111) sind schon aus ihrer Formgebung heraus besser geeignet. Bei den kleinen Becken muß auch keine Entfeuchtung des Raumes vorhanden sein, eine Plastikabdeckung und Fensterlüftung sind ausreichend. Einbringmöglichkeiten (Türen – Fenster – Flure) sind vor der Bestellung zu untersuchen.
Fertigbecken wie in den Abbildungen 106 + 107 werden in handlichen Teilen angeliefert und sind somit auch im Keller aufstellbar. Dazu ist die Raumhöhe zu vergrößern, was durch Ausheben des Kellerfußbodens erreicht werden kann. Ein Architekt oder Statiker muß dazu die Pläne machen. Das betonierte Becken ist selbstverständlich auch einbaubar, dies sogar, wenn alle anderen Becken aus Gründen der Einbringung scheitern.

Installation und Zubehör

Mit dem Beckeneinbau ist das Schwimmbad aber noch nicht fertig. Eine teilweise aufwendige Installation und teure Geräte vervollständigen erst, wenn auch zumeist unsichtbar, das Becken. Ein Saunabereich wird oft gewünscht. Wenn zunächst die Mittel fehlen, sollte eine solche Einrichtung jedoch mit vorgeplant werden.
Das Herzstück der technischen Anlage eines Schwimmbades ist das in Abbildung 62 vorgestellte Filtergerät, komplett mit Umwälzpumpe, Wärmeaustauscher, Steuerung und Filter. Dieses Gerät ist nun mit einer Reihe von

Leitungen zu verbinden, die zu den einzelnen Apparaten oder Anlageteilen führen.

Fangen wir an mit der Absauganlage des Schwimmbades. Es war schon die Rede von dem sogenannten Skimmer oder Oberflächenabsauger (Abb. 112), der auf der Absaugseite gemeinsam mit dem Bodeneinlauf (Abb. 113) das »verschmutzte« Wasser aufnimmt und über Rohre dem Filter zuleitet. Bei größeren Becken können auch mehrere Skimmer eingebaut werden. In der Regel befindet sich an der Wasseroberfläche der größte Teil des Schmutzes, so wird die Wassermenge auch zu $^2/_3$ durch den Skimmer und zu $^1/_3$ durch den Bodenablauf abgeführt.

112 Der Skimmer oder Oberflächenabsauger hat eine vielfältige Funktion. $^2/_3$ des Wassers werden hier abgesaugt.

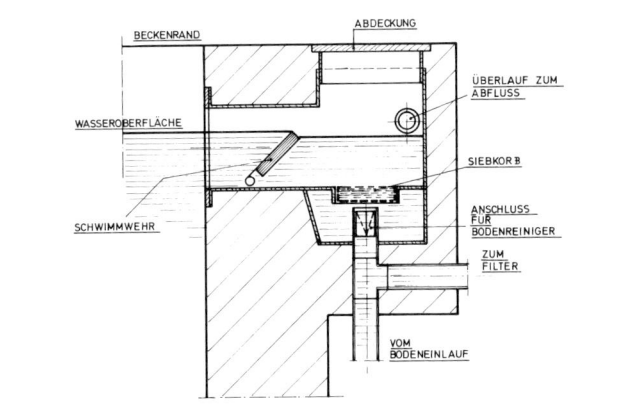

113 Der Bodeneinlauf soll etwa $^1/_3$ der umlaufenden Wassermenge dem Becken entnehmen.

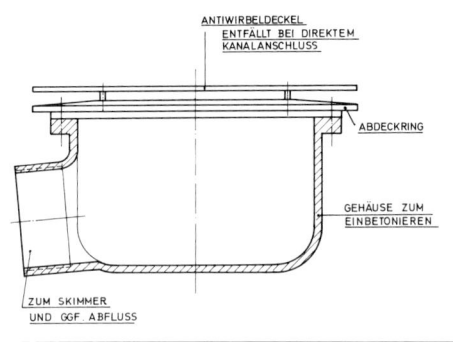

Die Filteranlage sollte so ausgelegt sein, daß das Beckenwasser in etwa 8 Stunden einmal umgewälzt ist. Diese
Angabe bezieht sich nur auf das häusliche Schwimmbad.
Bäder mit stärkerer Belastung, zum Beispiel in Schulen,
Heimen und Hotels, sind öfter umzuwälzen.
Obwohl die Absaugung über Skimmer und Bodeneinlauf
(Abb. 114) bei den kleineren Becken vorherrscht – und
vom Heimwerker leichter eingebaut werden kann –, soll
auch auf die Überflutungsrinne (Abb. 115) kurz eingegangen werden. Zwei Ausführungen von Rinnen sind üblich:
erstens die bekannte Rinne 100 bis 150 mm unterhalb
der Beckenoberkante (Abb. 116), zweitens die Rinne un-

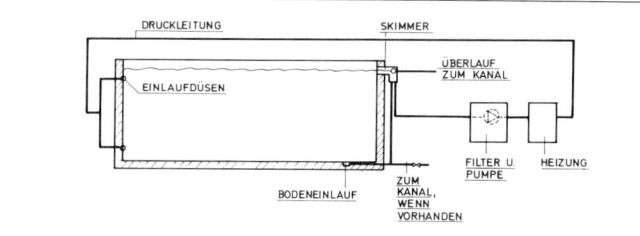

114 Wasserführungssystem
Skimmer mit Filter und Heizung.

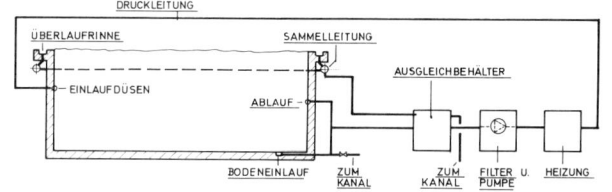

115 Wasserführungssystem Über-
laufrinne mit Ausgleichschacht,
Filter und Heizung.

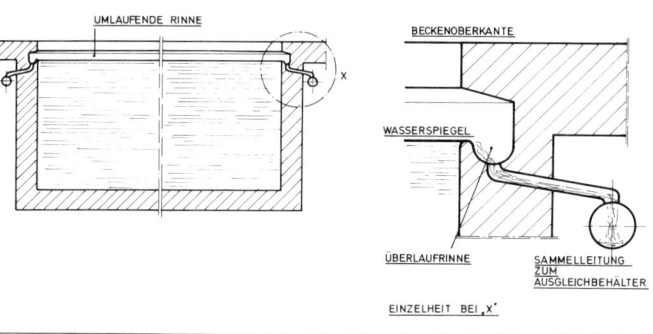

116 Anordnung der Rinne im Bek-
ken (wird heute seltener hergestellt).

117 Anordnung der Rinne außerhalb des Beckens wird heute bei Rinnenausführung in der Regel gemacht. Das Becken erscheint größer, es ist weniger Tiefe erforderlich.

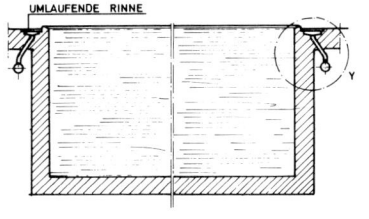

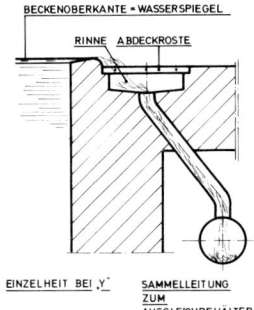

mittelbar an der Beckenoberkante (Abb. 117), die mit einer Roste abgedeckt ist. Für diese Ausführungen ist aber ein sogenannter Ausgleichsschacht mit einer Niveauregulierung erforderlich, was zusätzliche Kosten verursacht und für kleine Bäder nicht viel bringt.

An dem Skimmer kann auch das Bodenreinigungsgerät angeschlossen werden, die Filterpumpe saugt dann über das Reinigungsgerät, das über den Beckengrund gezogen wird, Schmutzteile vom Boden ab.

Da auch Chemikalien und Kieselgur über den Skimmer zugegeben werden können, ist, so gesehen, der Skimmer ein vielseitiges Gerät, wenn man bedenkt, daß bei einigen Ausführungen auch das Frischwasser hier eingeführt wird. Bei kleinen Becken kann man auf eine automatische Frischwasserzugabe verzichten, ein Wasserzapfventil mit Schlauch ist auch ausreichend.

Auf welchem Wege das Wasser nun auch dem Becken entnommen und der Filteranlage zugeführt wurde, es muß wieder zurück ins Becken. Die einzige Möglichkeit, dies richtig zu machen, bietet sich über Einlaufdüsen, die auf einer Seite des Beckens in die Wandung eingebaut werden. Verschiedene Anordnungen (Abb. 118) und meist kugelige, verstellbare Mundstücke (Abb. 119) erlauben eine gezielte Wassereinführung, um den Schmutz der Oberfläche und des Bodens zum Skimmer beziehungsweise Bodeneinlauf zu treiben.

Das Filter ist noch mit dem Abfluß zum Rückspülen und mit den Heizungsleitungen zu verbinden. Den elektrischen Anschluß erledigt der Elektriker.

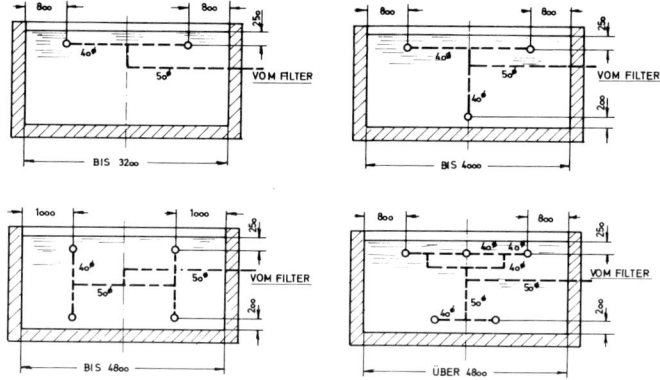

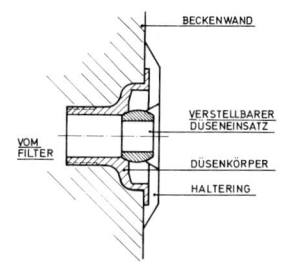

118 *Anordnung der Einlaufdüsen in Abhängigkeit der Beckenbreite.*

119 *Verstellbare Einlaufdüse im Schnitt.*

Für Trimm-Dich-pools und oberirdische Schwimmbecken wurden teilweise andere Kompakt-Filteranlagen mit Absaugung und Einführung des Wassers entwickelt.

Zum Schwimmbecken, gleich welcher Ausführung, gehört natürlich eine Einsteigmöglichkeit. In der Regel werden wohl Leitern aus V2A-Stahl benutzt, die so angebracht sein sollen, daß sie zum Reinigen oder über Winter herausgenommen werden können. Für den Heimwerker, der schweißen kann, man kann solch eine Leiter auch schrauben, ist es ein leichtes, eine Leiter selbst herzustellen (Abb. 120). Vorher Preise vergleichen!

Eine Unterwasserbeleuchtung (Abb. 121) gehört schon zum guten Stil. Nach den Angaben des Lieferanten sind entsprechende Aussparungen vorzusehen, die später die Leuchten aufnehmen. Der Anschluß muß über einen Transformator erfolgen und von einem zugelassenen Elektriker angeschlossen werden. Letzteres bezieht sich auch auf die sonstige Elektrotechnik, die ja nun mal mit dem Bau eines Schwimmbades zusammenhängt.

Ein weiteres, besonders für kleine Becken und sportliche Mitmenschen geeignetes Zubehör, sind die sogenannten Gegenschwimmanlagen, die von den Herstellern, unterschiedlich bezeichnet, angeboten werden. Zwei Ausführungen sind zu haben: die eine für bestehende Bäder oder oberirdische Becken (Abb. 122), die andere zum Einbauen (Abb. 123).

120 Wer will und kann, sollte sich die Einsteigleiter selbst fertigen.

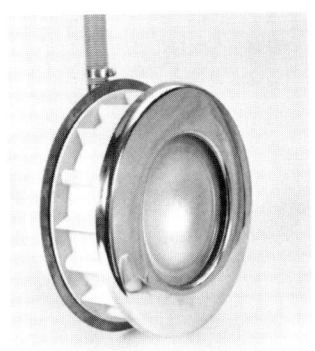

121 Die Unterwasserbeleuchtung gehört schon dazu, hier ein Leuchtenelement.

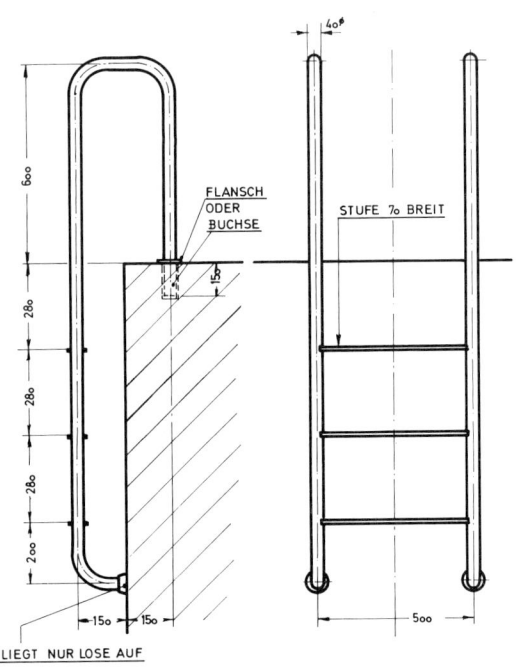

FLANSCH
ODER
BUCHSE

STUFE 70 BREIT

LIEGT NUR LOSE AUF

122 Eine Gegenschwimmanlage zum nachträglichen Einbau und für überirdische Becken.

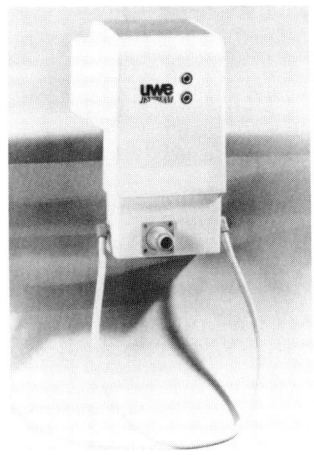

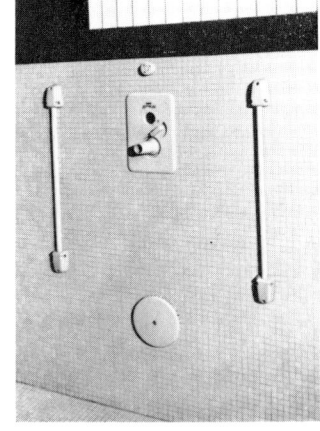

123 Die fest eingebaute Gegenschwimmanlage, Regelmöglichkeit vom Becken aus.

124 So baut man einen Jetstream ein: Auf der Schalung Wasserspiegel anzeichnen, mitgelieferte Bohrschablonen aufkleben, Löcher bohren.

125 Rohbauteile in die Schalung einsetzen.

126 Nach dem Betonieren und dem Entfernen der Schalung: Pumpenkonsole anbringen und Schieber aufschrauben.

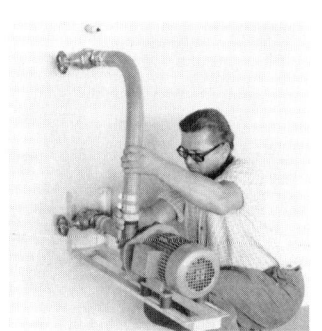

127 Pumpe und Schläuche montieren.

128 Plastikschutzkappe auf der Innenseite des Beckens abziehen...

129 . . . und vormontiertes Düsengehäuse einsetzen.

Über Sinn und Unsinn von Gegenschwimmanlagen wurde schon viel diskutiert. Die Befürworter haben aber recht behalten, denn der überwiegende Teil von Schwimmbecken wird mit einer derartigen Anlage, und sei es nachträglich, ausgestattet. Auch hier sollte man es so halten. Wenn die Mittel zur Zeit nicht ausreichen, wird zunächst nur die Mauerdurchführung gekauft und montiert. Denn eines Tages ist es soweit, daß Ihre Kinder das Becken für nicht mehr »schwimmfähig« bezeichnen. Nun muß die Gegenschwimmanlage her. Dabei wird dem Schwimmbecken über ein Saugrohr Wasser entnommen, einer starken Pumpe zugeführt und über regelbare Armaturen unter der Wasseroberfläche mit hohem Druck wieder eingespritzt. Bei voller Leistung strömen 800 Liter Wasser pro Minute durch die Düsenöffnung. Ein Schwimmer muß schon 85 Sekunden auf 100 m schwimmen, um sich halten zu können. Die Anlagen sind regelbar und somit auf jede Schwimmleistung einzustellen.

Die Strahldüse sollte 25 cm unter dem Wasserspiegel liegen. 1,1 bis 1,4 m Wassertiefe sind für einen richtigen Betrieb der Anlage erforderlich. Die Pumpe muß auf jeden Fall so aufgestellt werden, daß sie unter dem Wasserspiegel liegt (Abb. 124 bis 129).

Alle erforderlichen Durchführungen durch die Beckenwand sind besonders abzudichten. Bei Fertigbecken aus Kunststoff oder Stahl ist dies keine große Schwierigkeit, spezielle Dichtungselemente sind leicht einbaubar. Anders bei Betonbecken, bei denen sogenannte Mauerdurchführungen (Abb. 130) in verschiedenen Abmessungen benötigt werden. Diese Durchführungen werden in die Schalung eingelegt und miteinbetoniert. Entsprechende Gewinde nehmen nachher die Einbauten auf.

Beim Kauf aller Zubehörteile ist immer auf die Beckenausführung zu achten. Nicht jedes Teil eignet sich für jedes Becken.

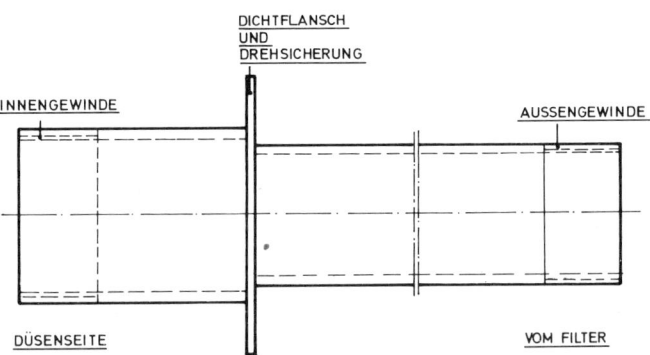

130 Wanddurchführung, insbesondere für die Einlaufdüsen.

Heizung und Lüftung

Für alle hier besprochenen Einrichtungen Dusche, Bad und Swimming-pool sind Heizungen und, eventuell wie beim Schwimmbad, Lüftungen notwendig, um das erforderliche Raumklima zu erlangen. Des Menschen Wohlbefinden hängt unter anderem von den Temperaturen der Luft, von den Temperaturen der ihn umgebenden Raumbegrenzungen und von der relativen Feuchte der Luft ab. Bei Lüftungsanlagen kommt noch die Luftgeschwindigkeit hinzu, die auf keinen Fall über 0,25 m/s. (Meter pro Sekunde) liegen sollte, da sich sonst Zugerscheinungen bemerkbar machen. So müssen dann die entsprechenden Anlagen so geplant und ausgeführt werden, daß die erwähnten Forderungen erfüllt werden. In manchen Fällen werden Konzessionen zu machen sein.

Temperaturen

Folgende Temperaturen sind anzustreben, wobei individuelle Wünsche auf jeden Fall berücksichtigt werden sollen:
Dusche 24° C, Bad 24° C, Beckenwasser 24° bis 30° C, Schwimmhalle 3° C über Wassertemperatur, Wandtemperaturen an der Innenseite von Schwimmhallen je nach Innentemperatur 20° bis 26° C.

Relative Feuchte der Luft und Schwitzwasser

Relative Feuchte und Schwitzwasser stehen in einem unmittelbaren Zusammenhang untereinander und mit der Temperatur. Die Begriffe Schwitzwasser und Temperatur sind wohl eindeutig. Der Begriff relative Feuchte soll jedoch etwas näher erklärt werden. Unter relativer Feuchte versteht man den Wasserdampfgehalt der Luft,

131 Vorschläge für den Aufbau einer Schwimmhallenwand.

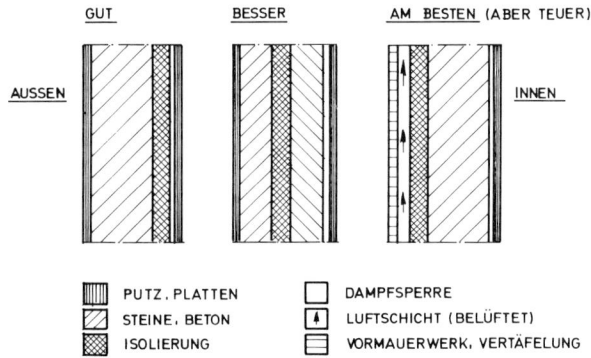

GUT   BESSER   AM BESTEN (ABER TEUER)

AUSSEN   INNEN

	PUTZ, PLATTEN		DAMPFSPERRE
	STEINE, BETON		LUFTSCHICHT (BELÜFTET)
	ISOLIERUNG		VORMAUERWERK, VERTÄFELUNG

der in % (Prozent) ausgedrückt wird. Die Luft kann je nach Temperatur mehr oder weniger Wasserdampf aufnehmen. Warme Luft viel, kalte dagegen wenig. So kommt es dann, daß warme Luft, wenn sie abkühlt, relativ feuchter wird. Dies kann soweit gehen, daß 100 % Feuchte überschritten und Wasser ausgeschieden wird. Das Abkühlen der Luft ist zum Beispiel an einer kalten Wand oder einem Fenster möglich, Schwitzwasser an dieser kalten Fläche ist die Folge.

Das Schwitzwasser kann zu Bauschäden führen, wenn die Baustoffe nicht so ausgelegt sind, daß sie keinen Schaden nehmen. Sicherer und vorteilhafter ist es natürlich, wenn Schwitzwasser gar nicht erst auftritt. Dazu muß noch festgestellt werden, daß Kälte, Wärme und Feuchte (in Form von Dampf) viele Baustoffe durchdringen. So können Durchfeuchtungserscheinungen auch in der Wand oder im Extremfall an der Außenseite der Wand auftreten, nämlich immer dort, wo sich Wasserdampf und Kälte treffen.

Kennt man diesen Vorgang (Abb. 131), ist es verhältnismäßig einfach, Schwitzwasser teilweise durch bauliche Maßnahmen zu unterbinden. Durch eine entsprechende Isolierung mit Dämmaterialien (Glaswolle, Mineralwolle, Kork, Styropor), möglichst an der Außenseite des Baukörpers, wird die Kälte abgehalten, das wirkt sich gleichzeitig günstig auf den Energieverbrauch aus.

Eine sogenannte Dampfsperre (Anstrich, Folie, Metall) an der Innenwand der Schwimmhalle läßt den Dampf nicht in die Wand oder Decke eintreten. Durch Isolierung und

Dampfsperre werden also die feindlichen Brüder Kälte und Dampf getrennt. Nur Dampfsperre oder nur Isolierung reichen danach also nicht aus. An Fenstern, auch wenn eine Isolierverglasung eingebaut ist, auf die nie verzichtet werden sollte, ist bei tieferen Außentemperaturen eine Schwitzwasserbildung nicht zu vermeiden. Glas ist dampfdicht, die Isolierwirkung, auch von Isolierglas, nicht ausreichend, so kommt es an der Innenseite zur Schwitzwasserbildung. Bei extrem niedrigen Außentemperaturen, die über einen längeren Zeitraum andauern, kann es aber auch an den Innenseiten der Außenwände zu Wasserbildung kommen. Durch Anhebung der Raumtemperatur ist das Gleichgewicht wieder herstellbar.

Da jedoch die Oberflächentemperaturen der Umfassungswände, die an die Außenluft grenzen, nie Raumtemperatur erreichen können, kühlt sich die Raumluft an den Umfassungen immer ab. So ist es erforderlich, daß die Raumluft auf eine bestimmte Feuchte gehalten wird, die einen maximalen Wert von 90 % bei entsprechender Abkühlung nicht überschreitet. So ist gewährleistet, daß kein Wasser ausgeschieden wird. Wie diese Forderungen erfüllt und wie auch Fenster frei von Schwitzwasser gehalten werden können, lesen Sie bitte auf den nächsten Seiten.

Größe und Anordnung der Heizkörper

Die Größe der Heizkörper in Dusche, Bad und Schwimmhalle richtet sich nach dem Wärmeverlust. Wärmeverlust ist die Wärme, die durch den Temperaturunterschied von innen nach außen (auch Nebenräume), durch Fenster, Türen, Wände, Decken, Fußböden und so weiter abwandert (Transmission) und der Lüftungswärmebedarf, der benötigt wird, die auf natürliche oder gewollte (Lüfter) Art und Weise in den Raum gelangte Luft auf die Raumtemperatur zu erwärmen. Die Menge der abwandernden Wärme durch die Umfassungen hängt in erster Linie von dem Baustoff ab. Der Lüftungswärmebedarf richtet sich nach der Größe der Öffnungen. Den Gesamtwert lassen Sie bitte von einem Heizungsfachmann ermitteln.

Für Duschen und Bäder ist es zumeist ausreichend, wenn bei innenliegender Anordnung (keine Außenwände) 40 bis 60 kcal/h m³ (Kilokalorien pro Stunde und m³ Raum) und bei außenliegenden Räumen 70 bis 90 kcal/h m³ vorgesehen werden. Die Größe der Heizkörper in Schwimmhallen ist nur in Verbindung mit deren Lüftungsanlage zu betrachten, darum wird dieser Fall auch erst im nächsten Abschnitt behandelt.

Aufgestellt werden sollten die Heizkörper oder, besser gesagt, die Wärmeerzeuger immer dort, wo der größte Wärmeverlust auftritt. Man sagt im Volksmund auch: »Dort, von wo die Kälte kommt!«

Der Mensch reagiert mit »es ist zu kalt«, bei einem unzureichend beheizten Raum, aber auch bei ausreichend beheiztem Raum, wenn er in einem Strahlungsaustausch mit einem kalten Gegenstand steht. Machen Sie bitte die Probe und stellen Sie sich in die Nähe eines Fensters, sie werden merken, daß es kalt vom Fenster strahlt, obwohl der Raum ausreichend warm ist. Beim Duschen, Baden oder Schwimmen ist dieser Zustand bei nassem, nacktem Körper doppelt wirksam, da die Feuchtigkeit vom Körper verdunstet und ihm so noch Wärme entzieht. die Person friert noch mehr.

132 Heizkörper gehören möglichst unters Fenster, . . .

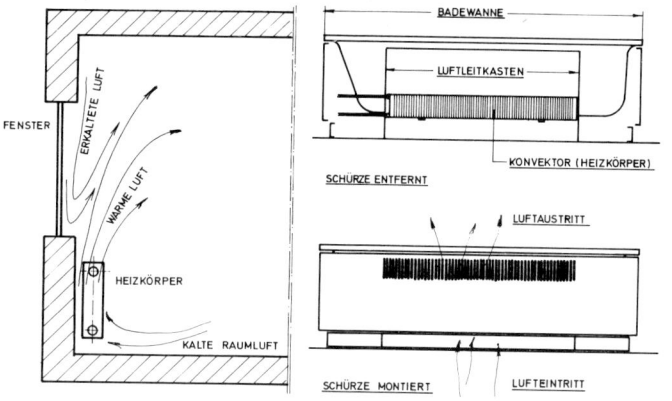

BADEWANNE

LUFTLEITKASTEN

KONVEKTOR (HEIZKÖRPER)

SCHÜRZE ENTFERNT

LUFTAUSTRITT

SCHÜRZE MONTIERT

LUFTEINTRITT

FENSTER

ERKALTETE LUFT

WARME LUFT

HEIZKÖRPER

KALTE RAUMLUFT

133 . . . dort bilden sie einen *Warmluftschleier, der Zugluft und beschlagene Fenster verhindert.*

134 (rechts) Heizkörper (Konvektoren) können auch in die vorgefertigte Schürze einer Badewanne eingebaut werden.

Also gehören die Heizkörper, wenn es möglich ist, unter das Fenster (Abb. 132) und nicht etwa die Badewanne. Fenster und Außenwand sollten von einem Warmluftschleier gegen den Raum abgeschirmt sein (Abb. 133).
Aus Platzmangel, oder wenn keine Außenwand da ist, sind auch andere Aufstellmöglichkeiten denkbar, so die in Abbildung 20 gezeigte hinter der Tür oder der Einbau in der Schürze der Badewanne (Abb. 134) oder einfach mitten auf der Wand (Abb. 135).

135 Auch in einem mustergültigen Duschbad kann ein wandhängender Gasheizofen den Gesamteindruck nicht stark beeinträchtigen.

Auslegung der Lüftung

Toiletten, Duschen, Bäder und Schwimmhallen müssen entlüftet werden, um Gerüche, verbrauchte Luft und Wasserdampf ins Freie zu leiten. Bei Toiletten, Duschen und Bädern ist das ziemlich einfach, sofern ein Fenster da ist, reicht dieses als Lüftung aus. Sonst wird ein Entlüftungsschacht angebracht, der die erforderliche Luftrate dem Raum entnimmt. Die Zuluft kann über ein Gitter oder einen Schlitz in der Tür nachströmen. Schächte von 100 bis 150 cm² reichen für mittlere und von 150 bis 200 cm² für größere Räume aus. Es sollte ein Luftwechsel von sechsmal Rauminhalt pro Stunde erzielt werden. Bei den relativ kleinen Toiletten, Duschen und Bädern ist der bei der Lüftung entstehende Wärmeverlust in der Regel nicht sehr groß. Anders beim Schwimmbad, hier müssen besondere Überlegungen angestellt werden. Was ist zu tun? Zunächst sollen noch einmal die Forderungen aufgezeigt werden:
1. Die Halle ist zu heizen. 2. Es ist zu gewährleisten, daß die kalten Umfassungen frei von Schwitzwasser bleiben. 3. Energie ist teuer, also sparen.
Um diese Forderungen zu erfüllen, sind in der Hauptsache zwei Lösungen möglich. Wobei aus Gründen der Energieeinsparung selbst das Beschlagen der Fenster bei niedrigen Außentemperaturen in Kauf genommen werden sollte. Auch die Abdeckung des Beckens mit einer Folie ist energiesparend, da kein Wasser mehr verdunstet.

136 Die Beheizung der Halle übernehmen die Heizkörper, für die Entfeuchtung sind spezielle Entfeuchter zuständig.

1. Lösung (Abb. 136). Nach dem ermittelten Wärmeverlust sind Heizkörper zu installieren, die diesen Verlust ausgleichen. Die Heizkörper sind unter den Fenstern oder Türen angeordnet, die aufsteigende warme Luft trocknet die Glasflächen, um so die Schwitzwasserbildung möglichst lange zu verhindern.

Ein gesondert eingebautes Entfeuchtungsgerät (Abb. 137 + 138) sorgt dafür, daß die Luft immer auf dem eingestellten Feuchtewert gehalten wird. Dieses Entfeuchtungsgerät arbeitet nach dem Wärmepumpenprinzip. Es saugt die feuchte Hallenluft im Umluftverfahren an und entzieht ihr die Feuchtigkeit durch Abkühlung, was sonst an der kalten Wand passieren würde. Anschließend führt es der gleichen Luft die um die Wärmeleistung des Kompressors vermehrte Wärme wieder zu und gibt diese trockene Luft in die Halle zurück. Entfeuchtungsgeräte dieser Art sind für Beckengrößen von 20 bis 24 m² einsetzbar.

137 Auf dem Wärmepumpenprinzip arbeitet dieser Entfeuchter, im Umluftverfahren wird die Luft getrocknet.

2. Lösung (Abb. 139). Bei dieser Möglichkeit wird nur ein Teil des Wärmeverlustes durch Heizkörper ausgeglichen, die zweckmäßigerweise wieder unter Glasflächen stationiert werden. Eine sogenannte Lüftungstruhe (Abb. 140) übernimmt die weitere Beheizung. Diese Lüftungstruhe ist praktisch ein Heizkörper mit einem Ventilator. Eingebaut ist eine Klappe, die sich so stellen läßt, daß entweder Luft aus der Halle, Luft von außen oder von beidem etwas dem Ventilator und damit der Halle zugeführt wird. Ein Abluftventilator schafft den Luftanteil, den die Lüftungstruhe von außen reinbringt, wieder ins Freie und mit ihr die Feuchte. Und das ist dann auch das Prinzip: Ein Fühler (Hygrostat) gibt den gemessenen Feuchtewert der Halle an die Truhe und den Ventilator weiter. Ist die Feuchte zu hoch, wird Außenluft eingeblasen und feuchte Luft ins Freie befördert.

Eine ähnliche Lösung bietet das Gerät in Abbildung 141, das nur die Lüftung auf oben beschriebene Art übernimmt und dabei natürlich nur Außenluft verarbeitet. Der Wärmebedarf der Halle ist mit Heizkörpern zu decken.

138 Der Entfeuchter kann auch in ein Fenster eingebaut werden, um Platz zu sparen. Ein Frischluftanschluß erfolgt jedoch nicht.

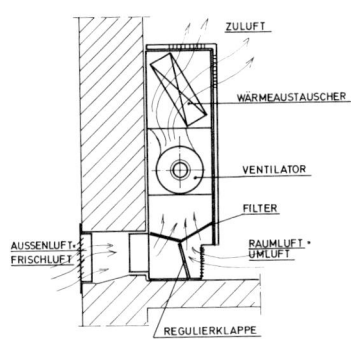

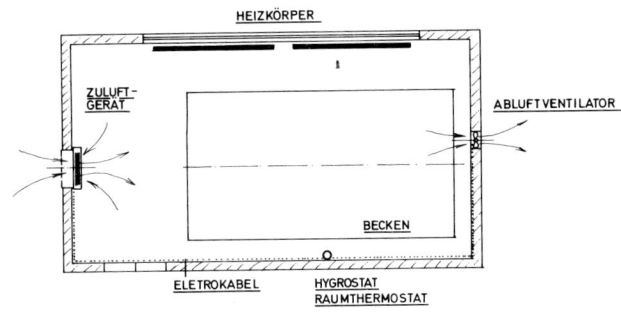

140 Die Heiztruhe saugt je nach Feuchtegrad des Raumes Raum- oder Außenluft an, erwärmt diese und gibt sie an den Raum ab.

139 Die Heizkörper übernehmen zum Teil die Heizung. Der Rest wird von der Heiztruhe aufgebracht, die auch erwärmte Frischluft dem Raum mitteilt. Der Ventilator befördert die feuchte Luft ins Freie.

141 Dieses Gerät arbeitet ausschließlich mit Frischluft. Die Raumwärme muß durch Heizkörper gedeckt werden.

3. Lösung. Trotz der obigen Ankündigung von zwei Lösungen nun doch noch eine dritte. Das ist aber schnell gesagt. Es ist praktisch eine Verquickung des Entfeuchtungsgerätes aus der ersten Lösung und des Truhengerätes aus der zweiten Lösung. In der Hauptsache wurde sie zur Energieeinsparung entwickelt.

Zusammenfassung

Es würde zu weit führen, in diesem Rahmen Berechnungsunterlagen zur Ermittlung des Wärmebedarfs, des Luftbedarfs und der damit zusammenhängenden Auswahl der Geräte zu geben. Das würde mit Beispielen ein weiteres Buch dieses Umfangs füllen. Heizungsfachleute, Ingenieurbüros und die Lieferfirmen sind jedoch gerne bereit, die Anlagen zu projektieren beziehungsweise geeignete Unterlagen zur Verfügung zu stellen. Zur fachlich ausgereiften Konstruktion gehört aber schon etwas Erfahrung, was sicher bei der Lektüre der letzten Abschnitte erkennbar wurde.

Stichwortregister

Bildnachweis

Titelbild: Pegulan-Werke AG, 6710 Frankenthal/Pfalz (unten)
Wessel-Werke, 5300 Bonn (oben)

AEG-Telefunken, 6000 Frankfurt/M., Abb.: 67, 74, 132, 137, 138
Ahlmann, Severin, 5470 Andernach, Abb.: 84, 95, 96
Akdolit-Werk GmbH, 5605 Hochdahl/Düsseldorf, Abb.: 63, 64
BBC Hausgeräte GmbH, 6800 Mannheim 1, Abb.: 24
Correkta Werke GmbH, 3590 Bad Wildungen, Abb.: 98
Durotechnik GmbH + Co. KG, 4800 Bielefeld, Abb.: 111
Duscholux GmbH, 6905 Schriesheim/Bergstr., Abb.: 85 bis 91, 101
fischerwerke, 7241 Tumlingen, Abb.: 58 bis 61
»grando«, Granderath, Robert, 5060 Bergisch-Gladbach,
    Abb.: 71, 103
Isiflo GmbH, 5860 Iserlohn, Abb.: 47